U0629790

本书获长春师范大学学术著作出版资助
本书系长春师范大学政法学院重点学科建设研究成果

图书馆
移动服务模式研究

李 菲 著

科学出版社

北 京

图书在版编目（CIP）数据

图书馆移动服务模式研究 / 李菲著. —北京：科学出版社，2016.4
ISBN 978-7-03-047651-7

Ⅰ.①图…　Ⅱ.①李…　Ⅲ.①图书馆服务–服务模式–研究　Ⅳ.①G252

中国版本图书馆 CIP 数据核字（2016）第 049136 号

责任编辑：朱萍萍　侯俊琳　刘巧巧 / 责任校对：邹慧卿
责任印制：徐晓晨 / 封面设计：铭轩堂
联系电话：010-64035853
电子邮箱：houjunlin@mail.sciencep.com

科 学 出 版 社 出版
北京东黄城根北街 16 号
邮政编码：100717
http://www.sciencep.com
北京厚诚则铭印刷科技有限公司 印刷
科学出版社发行　各地新华书店经销

*

2016 年 4 月第 一 版　开本：720×1000　B5
2019 年 1 月第四次印刷　印张：12 3/4
字数　257 000
定价：68.00 元
（如有印装质量问题，我社负责调换）

前　言

　　随着我国三网①融合进入实质性推进阶段，正式开启了全媒体融合发展的新媒体时代，带来了新的信息环境：信息资源数量呈爆炸态增多、质量上良莠不齐、类型上百花齐放；信息传播进入大众传播与小众传播并行时代，每位信息接收者就像镜子反射光线一样进行着镜众传播，实现了施传者和受传者的完整合一；信息用户群实现了合流，信息行为在一定的共性基础之上，更多呈现出分众行为及个性行为。图书馆与这种新型信息环境共生共长。图书馆有必要也有能力融入媒介环境，将"图书馆中心"形象顺势升级为"信息中心"或"知识中心"。

　　本书立足图书馆，借助与信息用户捆绑性最强、接收度最高的第五媒体(以手机为代表)，进行全媒体背景下的移动服务模式研究。通过对国内外理论及实践研究现状的介绍、相关概念与研究理论基础的梳理，本书进行了图书馆移动服务内涵及机制的阐述，完成了对研究对象系统结构及要素间运行机制的完整分析。同时，为了更好地使服务内容符合媒体融合背景下分众群体的需求，本书进行了四百余人的调查问卷信息收集工作，数据结论较好地体现了信息用户的需求导向。在以上理论研究与具体调查基础之上，本书进行了图书馆移动服务主体模式构建及共享模式构建。其中，主体服务模式是以单一图书馆作为研究对象，从系统内微观角度进行的移动服务研究，内容涵盖图书馆发展的"三驾马车"——信息资源、信息服务、信息技术三个板块。共享模式，是超越单一的图书馆，从系统外的宏观角度进行的竞争与合作的服务研究，内容包括全媒体竞

---

　　① 三网指电信网、广播电视网和互联网。

合共享、商业运行共享、Living books 移动知识共享三个维度。为了更好地辅助及验证所构建模式的移动服务效果，本书通过实验法进行了移动知识学习推送服务实验操作。实验从准备到结束时间长达一年有余，参与前测试卷作答的学生超百人。实验制作测试数据，对控制组三十余名学生进行了半学年的移动知识学习推送服务。通过后测试卷作答情况及实验反馈问卷结论显示，所构建模型移动服务实验效果较好，符合实验预期。

本书共分九章，第一章从国内外图书馆移动服务发展源头开始，系统介绍了我国图书馆移动服务发展的脉络走向。第二章从理论维度上介绍了对图书馆移动服务开展比较有影响的基础理论内容。第三章系统地分析了图书馆移动服务的内涵与运行机制。第四章针对四百余名图书馆移动服务信息用户主体进行了信息资源及信息服务需求的调研及统计分析。第五章在用户需求导向的基础上进行了图书馆移动服务主体模式的构建，主要包括信息技术维度、信息资源维度、信息服务维度"三驾马车"。第六章进行了图书馆移动服务主体模式实验操作，实验结果呈现出较好的数据结论。第七章在共享理念的支撑下，进行了图书馆移动服务共享模式的构建，主要包括全媒体竞合、商业运营及 Living books 移动知识共享发展模式。第八章对图书馆移动服务建设及共享案例进行了部分介绍。第九章为研究不足与展望部分。

本书的写作过程中吸取了众多领域研究者的智慧结晶，正是站在巨人的肩膀上，才让我有能力望向远方，在此致以诚挚的感谢！"图书馆是个发展着的有机体"，在日新月异的信息环境中，势必还要继续发生变化。受本人学识和精力有限，书中难免存在疏漏和不足之处，敬请各位领域前辈、大师、同行及读者给予帮助和指点，特此深表谢意！最后，祝每位阅读者幸福安康！

李 菲

2015 年 12 月

目　　录

第三部分　图书馆系统内移动服务模式构建及实验

第一部分

图书馆移动服务梳理

第一章

图书馆移动服务现状

第一节　理　论　研　究

一、图书馆移动服务萌芽

国外对移动信息服务的研究大约可分为三个阶段：第一阶段主要是围绕图书馆移动服务的可行性及服务价值展开论证；第二阶段针对移动服务所需的基础设施及软件环境进行建设；第三阶段将注意力转向了以读者需求分析为导向的服务平台优化。移动信息服务在第一研究阶段中，美国属于领跑地位。其研究主要是伴随着掌上电脑（Personal Digital Assistant，PDA）的移动应用而展开的，在1993年，美国亚利桑那州健康医学图书馆（Arizona Health Sciences Library）开始了使用PDA对医学人员提供图书馆移动信息服务的尝试。[①] 同年，美国南阿拉巴马大学图书馆（University of South Alabama Library）推出"无屋顶图书馆计划"（The Library Without a Roof Project），利用移动PDA设备基于移动通信网络，使信息用户可以在任何有移动信息服务网络的地方检索利用图书馆OPAC（Online Public Access Catalog）目录实现对图书馆资源、商业数据库、互联网信息的检索。该计划实际上也是一种实验，主要

---

① Spires T .Handheld librarians：a survey of libraian and library patron use of wireless handheld devices[J]. Internet Reference Services Quarterly，2008，13(4)：287-309.

就是验证利用 PDA 来进行图书馆移动信息服务的可行性，虽然受当时移动设备及移动通信网络的影响，实验没过几年就终结了，但却开启了图书馆移动信息服务的先河。[①]

2000 年前后，世界各国纷纷开始了对图书馆移动信息服务的应用操作实践。除美国发展迅速外，日本、韩国及欧美一些国家也都开始了对图书馆移动服务的实践。其中，受移动通信技术发展迅猛的带动，日本富山大学图书馆在 2000 年 9 月开始了基于 W-CDMA 第三代无线通信技术 i-Mode 移动上网服务的"I-Book Service"（手机书目查询系统服务）。随后在 2001 年 5 月，日本东京大学图书馆（Tokyo University Library）也开始了此项服务。在这种 i-Mode 服务模式下，信息用户只要可以连接进入移动互联网，即可以实现随时随地与图书馆进行信息传送操作，实现传统图书馆的图书催还、图书续借、图书预约、图书馆信息公告等服务。[②]

在 2001 年 7 月，韩国西江大学（SoKang University）与 WISEngine 公司（提供综合性的企业解决方案，能将不同的数据源聚合并传递给指定有需求的信息用户，提供针对性的个性化服务）签订协议，推出了基于移动终端的图书馆资源查询服务。该服务也是以手机或 PDA 等移动设备作为移动终端，利用 WISEngine 公司的软件产品技术，将有线网络中的内容同步传输给指定的信息用户。信息用户实现了可以随时随地使用传统图书馆所提供的书目查询、图书预定、已借阅书目信息、预定归还日期等信息服务。随后，韩国亚洲大学图书馆（AJOU University Library）也开展了类似的移动信息服务。[③] 受韩国经济、文化发展的影响，2002 年开始，通过手机阅读的 E-Book 服务在韩国成为时尚，改变了韩国国民的阅读习惯，也引领了一种全新的生活方式。[④]

2001 年 11 月，芬兰赫尔辛基科技大学（Helsinki University of Technology）图书馆开始推行移动信息服务。实际上，早在 2000 年，在芬兰传递的短信就有 10 亿条，手机短信用户的数量及迅速扩张的态势，已引起了图书馆界的思考。2000 年年初，赫尔辛基科技大学图书馆即开始了对图书馆移动信息服务意愿的调查工作，调查结果显示，被调查数据中有 95% 的信息用户拥有手机，并普遍存在接收图书馆移动信息服务的愿望。随后，便开始了与 Endeavor Voyager 图书馆系统厂商、Portalify 软件公司厂商，在相关信息技术上的探索

① Clifton Dale Foster. The library without a roof[J]. Online，1995，(9)：20-21.
② Lara Srivastava. Japan's ubiquitous mobile information society[J]. info. 2004，14（4）：234-251.
③ Mobile campus information[EB/OL]. http: //library .boisestate .edu/m[2010-09-20].
④ 叶莎莎，杜杏叶. 国内外移动图书馆的应用发展综述[J]. 图书情报工作，2013，3：141-147.

过程。① 终于在 2001 年 11 月推出以短信方式为平台的图书馆到期提醒、续借、馆藏查询和参考咨询等信息服务。② 随后，芬兰其他图书馆也陆续开展了移动信息服务，如奥卢市公共图书馆（Oulu City Public Library）、赫尔辛基经济学院图书馆（Helsinki School of Economics Library）、芬兰国会图书馆（Library of the Parliament）。其中，奥卢大学图书馆（Library of University of Oulu）提供了 Smart Library 服务，能够根据信息用户所处的地理位置信息，提供地点感知（Location-Aware）服务，让信息用户能够更好地结合所处地点获取相关信息服务。③

二、早期的图书馆移动服务研究主体

Gessler 等是早期基于 PDA 等手持接收设备，探索其实现 WEB 浏览器功能的可能性研究的研究者之一。该研究针对的主要问题是受手持接收设备屏幕空间狭小而导致的信息用户接收信息过程中的视域受限问题，并针对屏幕狭小而带来的移动信息服务接收影响也进行了后续探索。Catherine 等人于 2001 年开始探索对图书馆移动服务模型的构建，通过其研究实现了对图书馆移动服务的理论框架充实。瑞尔森大学图书馆（The Library of Ryerson University）于 2008 年开始针对在校学生的手持移动设备访问信息源进行调查研究，其结果显示出大学生经常性访问的信息源为：E-mail，Facebook 和 Internet。剑桥大学（University of Cambridge）和爱丁堡大学（University of Edinburgh）分别于 2009 年和 2010 年以调查问卷方式向大学生展开调查，调查得出的相同结论是：学生们需要的是，图书馆计算机机位的空缺状态、馆藏目录检索、数据库检索、个人图书馆使用信息记录查询、图书续借等服务。沈思④对 Joan K.Lippincott、Ellyssa Kroski 等人给予了极高的评价。Joan K.Lippincott 是网络信息联盟的副执行总监，同时也是两届世界移动数字图书馆会议的主旨发言人，其对移动图书馆的服务创新做了深入研究。⑤ Ellyssa Kroski 对移动信息技术与移动图书馆的发展提出了高站位的见解，在其论文中

---

① 贺伟等. 移动终端在图书馆读者服务中的应用[J]. 情报科学，2006，5：767-792.
② Pasanen I. Around the world to Helsinki University of technology: new library services for mobile users [J]. Library Hitech News，2002，19(5)：25-27.
③ Aittola M，Ryhanen T，Ojala T. Smart Library-Location aware mobile library service [EB/OL]. http://www.mediateam.oulu.fi/publications/pdf/442.pdf [2012-09-20].
④ 沈思. 国内外移动数字图书馆发展综述[J]. 情报资料工作，2013，06：31-34.
⑤ cni. Joan K. Lippincott[EB/OL]. http://www.cni.org/about-cni/staff/joan-k-lippincott[2015-02-09].

提出了"图书馆移动先导计划"、创建移动网站及二维码应用等观点。[①] 研究主体除以上的学者、学校图书馆外，国外的公共讨论小组也比较活跃，其中比较突出的是在 Google 及 Facebook 网站上的移动图书馆讨论小组。此外，国际上还经常性地针对移动图书馆召开国际性会议，如国际移动图书馆会议（The International M-Libraries Coference）、移动图书馆员联机会议（Handheld Librarian Online Conference）等。由此可见，移动信息服务研究日益受到国际图书馆界的重视，对于特定读者对象的需求分析及服务开展，也成为该领域发展的重点。

三、国外移动信息服务内容

第一类为传统图书馆的移动升级服务，如图书到期提醒、图书续借、图书馆资源查询、信息用户个人信息查询（如借阅信息、超期罚款信息等）、图书馆活动公告、信息咨询等信息服务。此类服务的特点是在传统图书馆服务中已经存在，利用图书馆移动信息服务的短信、WAP 等功能，能够实现对于信息用户在服务使用时间及空间上的个性化需求满足。但在服务内容的开展上，并没有超越原有传统图书馆服务的内容。

第二类为移动终端及移动网络带来的服务升级。国外很多图书馆都提供了移动数据库、社交网络连接、位置服务（座位预定、车位预订、移动终端所在位置的信息推荐）、视频导览、移动课程等服务。例如，杨百翰大学图书馆（Brigham Young University，Harold B. Lee Library）及吉尼亚联邦大学图书馆（Virginia Commonwealth University Library）等提供图书馆研习室的移动终端预订服务；迈阿密大学图书馆（Miami University Library）及加拿大瑞尔森大学图书馆（Ryerson University Library）等提供移动视频导览服务。[②] 美国博伊西州立大学艾伯森图书馆（Boise State University，Albertsons Library）提供计算机使用查询服务，能够满足信息用户随时查询图书馆计算机被占用的情况，从而合理规划使用时间。[③] 伊诺克晋拉特免费图书馆（Enoch Pratt Free Library）提供 Facebook 和 Twitter 等社交网络的链接，还有关于 Podcasts 播客方面的服务。[④] 这些服务项目往往是在传统图书馆开展过程中受技术限制难以实现的，在移动终端及移动网络的支持下才得以展开。此类图书馆移动信

① Kroski E. On the move with the mobile web: Library mobile technologies[J].Library Technology Reports，2008，(5): 1-47.

② 叶莎莎，杜杏叶. 国内外移动图书馆的应用发展综述[J]. 图书情报工作，2013，3：141-147.

③ Albertsons Library[EB/OL]. http: //library.boisestate.edu/m/[2102-08-21].

④ Enoch Pratt Free Library[EB/OL]. http: / /Prattlibrary.mobi /[2012-08-21].

息服务超越了传统信息服务的能力范畴，肯定地说是一种创新服务。结合龙泉[①]等对 25 所世界大学图书馆移动服务内容现状的介绍，结合其内容做了如下统计排序，详见表 1-1。

四、国内相关文献研究现状

本书以中国知网所提供数据为基础，以（图书馆 and 移动）or（图书馆 and 手机）作为检索表达式，为保障数据的完整性，在 2014 年 12 月 28 日进行了对之前检索数据的更新操作，保障了 2014 年之前数据的统计全覆盖性。

1. 第一阶段

国内对于领域研究起点应始于 2002 年，东南大学图书馆系统部施晓军发表于《江苏图书馆学报》的题为"论移动/无线环境下的数字图书馆建设"一文，论述了移动计算技术对于数字图书馆建设的重要性，提出了通过先进的移动数据管理系统可以实现崭新的移动信息参考服务。在 2003 年，图书情报界并未出现相关领域研究成果，仅在《中国计算机报》《中国电脑报》上有两篇相关文章——《能够移动的图书馆》和《我的移动图书馆》，代表了对图书馆移动服务的研究仍在继续。

2004 年，可以认为是图书情报界对图书馆移动信息服务研究的萌芽起始阶段，经过对文章内容的筛选，有 14 篇相关文章。其中比较有代表性的有，黄群庆的《崭露头角的移动图书馆服务》一文通过对移动图书馆服务的定义，探索了将图书馆搬上移动空间的现实意义，分析了移动图书馆服务的现实模式（SMS、i-Mode、WAP、IBD），表达了移动图书馆应用前景的乐观状态。[②] 吴志攀的《移动阅读与图书馆的未来——"移动读者的图书馆"》一文中，从藏书楼到大众图书馆、大众普及节点的图书馆转型及困惑，到对手机应用与阅读结合的思考，提出了对移动化"图书馆"的描述，文章从图书馆发展史角度描画了图书馆的移动化未来。[③] 胡振华和蔡新的《移动图书馆信息服务系统》一文引入了移动图书馆信息服务的概念，分析了图书馆提供移动信息服务是数字图书馆的发展方向，在高速增长的移动通信网络与移动设备支撑下，具有操作可行性，认为 WinCE 将成为未来移动终端设备的重要操作系统。该文章绘制了移动图书信息服务系统环境构架图及移动图书信息服务功能架

---

① 龙泉，谢春枝，申艳. 国内高校移动图书馆应用现状调查及启示[J]. 图书馆论坛，2013，5：24，60-64.
② 黄群庆. 崭露头角的移动图书馆服务[J]. 图书情报知识，2004，05：48-49.
③ 吴志攀. 移动阅读与图书馆的未来——"移动读者的图书馆" [J]. 大学图书馆学报，2004，01：2-5，13.

表 1-1 25所国外高校图书馆移动服务情况表

高校名称	服务方式				图书馆馆务信息							个人信息			资源检索与利用						参考咨询					
	短信服务	WAP	APP	移动设备借阅	图书馆概况	地图或公交指引	多媒体导航	新闻通知	预约阅览室	计算机占用情况	生活信息	个人借阅管理	消息定制	账户管理	馆藏书目检索	数据库资源检索	多媒体信息	电子书借阅	商业移动资源	文献传递互借	常见问题解答	留言反馈	邮件短信咨询	实时咨询	申请亲自面谈	研究指导
剑桥大学		●			●	●						●	●		●	●		●	●							
哈佛大学	●		●	●	●	●	●	●								●		●	●		●		●			
麻省理工学院	●	●	●	●		●		●			●	●			●	●	●	●	●						●	●
耶鲁大学	●	●	●	●			●	●			●	●			●	●	●	●	●							●
牛津大学						●				●	●											●				
伦敦帝国理工学院										●												●				
伦敦大学学院			●																●							
芝加哥大学	●	●	●	●	●					●	●				●	●			●	●			●	●		
宾夕法尼亚大学	●	●	●								●								●				●			
哥伦比亚大学		●	●	●	●			●	●			●		●	●	●	●	●	●	●		●	●			●
斯坦福大学				●																						
加州理工学院	●		●	●	●	●		●							●	●			●				●			●

续表

服务分类	服务项目	普林斯顿大学	密歇根大学	康奈尔大学	约翰·霍普金斯大学	麦吉尔大学	杜克大学	爱丁堡大学	加州大学伯克利分校	多伦多大学	西北大学	东京大学	新加坡国立大学	布里斯托大学
服务方式	短信服务	●	●	●	●	●	●					●		
	WAP		●	●		●	●	●	●	●	●			●
	APP		●		●	●	●	●	●	●			●	
	移动设备借阅	●			●		●							
图书馆馆务信息	图书馆概况		●	●								●		
	地图或公交指引		●			●	●	●		●		●		
	多媒体导航						●							
	新闻通知		●		●	●	●			●		●		●
	预约阅览室		●							●				
	计算机占用情况					●	●							●
	生活信息		●				●	●		●		●		●
个人信息	个人借阅管理		●				●		●		●			
	消息定制													
	账户管理					●								
资源检索与利用	馆藏书目检索		●	●	●	●	●	●	●	●	●			
	数据库资源检索		●	●	●				●	●	●			
	多媒体信息					●	●							
	电子书借阅		●	●						●		●		
	商业移动资源		●		●		●					●		
	文献传递互借				●									
参考咨询	常见问题解答		●											
	留言反馈					●	●							
	邮件短信咨询	●	●	●		●	●	●		●				
	实时咨询		●			●	●		●					
	申请亲自面谈					●								
	研究指导		●		●				●					

相关统计结论

统计项目	服务方式				图书馆信息							个人信息			资源检索与利用						参考咨询					
	短信服务	WAP	APP	移动设备借阅	图书馆概况	地图或公交指引	多媒体导航	新闻通知	预约阅览室	计算机占用情况	生活信息	个人借阅管理	消息定制	账户管理	馆藏书目检索	数据库资源检索	多媒体信息	电子书借阅	商业移动资源	文献传递互借	常见问题解答	留言反馈	邮件短信咨询	实时咨询	申请亲自面谈	研究指导
开设学校数量	15	21	9	10	18	16	5	17	4	6	12	10	4	3	19	20	8	20	14	3	6	11	13	5	2	7
开设各项单项排名	2	1	4	3	1	3	6	2	7	5	4	1	2	3	3	1	5	1	4	6	4	2	1	5	6	3
排名前五位的服务	数据库资源检索、电子书借阅、馆藏书目检索、图书馆概况、新闻通知																									
排名后五位的服务	申请亲自面谈、文献传递互借、账户管理、消息定制、预约阅览室																									

构图。① 崔宇红的《基于手机短信平台的图书馆信息推送服务》一文通过信息推送技术、手机短信推送服务的介绍，分析了在数字图书馆中利用手机短信平台实现提醒信息的同步推送信息系统的实现功能，同时文章传递了北京理工大学于 2003 年 12 月 1 日正式推出使用手机短信通知系统的信息。这是我国在实践领域的第一次实践应用，也是理论文章中第一次结合实践内容的理论表述。②

2005 年，图书情报界对于相关学术论文研究成果与上一年持平，数量上略有下降。在研究内容上也较之前阶段研究内容相对宽广，体现出趋同性倾向，更多研究集中在对图书馆手机短信服务模式的研究。其中，赵林英的《图书馆手机短信服务模式研究》一文分析了图书馆开展短信业务的可行性，并进行了图书馆两种短信服务模式——普通模式和特殊服务模式的构想。其中，特殊服务模式中加入了咨询服务内容。③ 宋爱林等的《构建图书馆的手机短消息服务平台》一文介绍了图书馆手机短消息平台的工作原理、系统结构，对服务形式进行了定位（手机直接注册、WebServer、即时通讯、委托办理），对服务内容进行了定位（流通服务、征订通知、预约服务、浏览服务、馆藏查询、代检代查与专题申请、信息推送、即时问答、答案反馈），对增值效应进行了定位（实现短信虚拟社区、将短消息与 Internet 有机结合创建个性化的 www 秘书服务、提供公众信息发布业务、与校园一卡通系统结合、通过与移动或联通公司进行短消息业务合作）并进行了短消息平台的展望。④ 于清丽的《利用短信群发系统实现图书馆的移动服务》一文在短信群发系统基本原理描述基础之上，构建了一个低成本短信群发系统，并定位了短信群发系统实现的作用（借阅文献信息查询及超期罚款预警、新书刊等信息推荐、预约文献到馆通知、短信检索服务、突发事件的信息发布、各种会议、活动信息提示、读者调查）。⑤ 另外，傅宇凡在《中国教育网络》发表了《第三代数字图书馆服务"移动目标"——专访中国科学院文献情报中心主任张晓林》一文。

2. 第二阶段

2006 年，图书情报界在知识积累之后进入了图书馆移动服务稳定发展的轨道，发表文章近 30 篇。相比较上一年，研究视角扩宽了，而且理论研究与应用结合更显明确，吉林省图情界学者在其中尤为出众。其中，吉林省图书

① 胡振华，蔡新. 移动图书信息服务系统[J]. 现代图书情报技术，2004，04：18-20，42.
② 崔宇红. 基于手机短信平台的图书馆信息推送服务[J]. 大学图书馆学报，2004，04：67-68.
③ 赵林英. 图书馆手机短信服务模式研究[J]. 通化师范学院学报，2005，04：82-83.
④ 宋爱林，施晓雨，周爱民. 构建图书馆的手机短消息服务平台[J]. 新世纪图书馆，2005，01：52-54.
⑤ 于清丽. 利用短信群发系统实现图书馆的移动服务[J]. 现代图书情报技术，2005，07：89-91.

馆的吴爱云等在《吉林省图书馆手机短信服务平台的构建》中绘制了图书馆短信系统拓扑图，介绍了手机短信服务平台的功能（书目查询、各类活动通知、开馆时间、办证须知、信息咨询、图书到期提示、图书续借、图书预约等），介绍了手机短信平台在实际运营过程中存在的困境，包括公益性与收费性的冲突、手机短信平台与图书馆自动化系统难以做到无缝链接、目前传送的信息内容及服务类型有限。[①] 吉林大学的贺伟等在《移动终端在图书馆读者服务中的应用》一文中介绍了移动终端的类型（PDA、手机、平板电脑、便携式电脑）、移动终端在图书馆读者服务中的应用实例（芬兰赫尔辛基科技大学图书馆短信服务、美国南阿拉巴马大学图书馆的 PDA 服务、日本富山大学图书馆、东京大学图书馆的手机 i-Mode 定制服务、新加坡义安理工学院图书馆的手机 WAP 服务、韩国西江大学图书馆手机的 IDB 服务、美国德州农工学院无线局域网基础上的 Tablet、Laptop、PDA 服务、北京理工大学图书馆的手机短信服务），分析了移动终端存在的缺陷，并进行了高校图书馆手机短信增值服务平台设计，最后对国内图书馆移动终端服务给予了发展前景的展望。[②] 该文章开启了国内外移动服务现状介绍的纪元。吉林大学陈晓美等的《手机图书馆在信息传播中的价值》《手机图书馆的文化引导作用》在手机图书馆发展现状介绍的基础之上，分析了我国大众阅读的现状，探讨了手机图书馆的价值：手机图书馆的文化引导作用、手机图书馆引导人们重回图书馆、手机图书馆的建设有助于改变我国文化建设的现状。[③] 这两篇文章站位高远，开启了数字阅读与图书馆移动服务相结合的探讨，从文化角度分析了图书馆进行移动服务的深远价值。

2007 年，论文研究有小幅回落，有近 22 篇相关文献，文献间借鉴交叉现象明显。其中被引频次较高的文献有，陈素梅的《手机图书馆开辟移动阅读的新时代》，其在介绍了手机短信功能在图书馆中的应用基础上，分析了手机移动阅读已初露端倪，探讨了手机图书馆移动阅读的网络技术支持（打造 TXT 图书、演 E 图书、演绎 UMD 魅力、JAVA 图书、智能手机电子书），提出图书馆与手机移动阅读企业、语音企业（掌上书院、中文在线、邦邦网、方正阿帕比、捷通华声、科大讯飞）联合，共同打造阅读新天地。[④] 胡滨的《智能手机——组建移动图书馆平台》，其从图书馆工作流程角度研究了手机在图书馆中的应用，分别是智能手机在图书馆采购中的应用、智能手机在图书流

① 吴爱云, 孙秀萍. 吉林省图书馆手机短信服务平台的构建[J]. 图书馆学研究, 2006, 01: 41-43.
② 贺伟, 曹锦丹, 刁云梅. 移动终端在图书馆读者服务中的应用[J]. 情报科学, 2006, 05: 767-771, 792.
③ 陈晓美, 关欣. 手机图书馆在信息传播中的价值[J]. 情报科学, 2006, 11: 1687-1690.
④ 陈素梅. 手机图书馆开辟移动阅读的新时代[J]. 图书馆建设, 2007, 05: 83-86.

通中的应用、智能手机在参考咨询中的应用，并在此基础上构建了移动图书馆平台，并分析了移动图书馆服务平台的前景。[①] 林颖等的《基于WAP的图书馆移动信息服务体系及WAP OPAC应用实例》，其论述了多种无线接入技术及其应用，探讨了WAP技术在数字图书馆移动信息服务中的优势，提出了基于WAP的图书馆移动信息服务技术框架。该文结合北京师范大学图书馆自动化系统实现一个基于WAP的移动终端在线书目检索系统[②]。一系列文章开启了技术实现图书馆移动服务的篇章。

2008年是图书情报界对图书馆移动服务孕育阶段与成长阶段的重要转折年。这种转折体现在以下几个特征：第一，研究论文数量明显增多，近乎翻倍地增长；第二，发表论文期刊中核心期刊数量明显增多；第三，在一定理论积累的基础上，开始出现综述、述评性研究文章；第四，研究视角开始多样化；第五，在传统知识构建的基础上，开始出现以信息用户需求调研为导向的图书馆移动服务研究。种种迹象表明，2008年是图书馆移动信息服务的第一研究阶段与第二研究阶段的过渡年。这一年图书馆移动服务研究的风云人物当属南京农业大学信息科技学院的茆意宏，其所著论文《手机图书馆的兴起与发展》[③]、《基于手机移动通信网络的图书馆服务研究述评》[④]、《论高校图书馆手机阅读服务》[⑤]、《图书馆手机服务系统的建设：需求调查与分析——以南京地区图书馆为例》[⑥]，分别从手机图书馆的兴起、手机图书馆的概念与模式、手机图书馆的功能、手机图书馆的可行性、手机图书馆的实现、国外手机图书馆的发展、国内手机图书馆的发展、手机图书馆的服务功能、手机图书馆系统的设计与实现、手机图书馆存在的问题与发展趋势、手机阅读、大学生手机阅读需求与行为、高校图书馆手机阅读服务等方面，多个角度、全方位地对图书馆移动服务进行了探索，并将研究视域引入对信息用户需求的研究，开启了调查方法在图书馆移动服务研究中应用的纪元。

3. 第三阶段

2009年，CNKI中检索{（图书馆 and 移动）or（图书馆 and 手机）作为

① 胡滨. 智能手机——组建移动图书馆平台[J]. 图书馆论坛，2007，01：84-86.
② 林颖，孙魁明. 基于WAP的图书馆移动信息服务体系及WAP OPAC应用实例[J]. 现代图书情报技术，2007，09：80-83.
③ 茆意宏，吴政，黄水清. 手机图书馆的兴起与发展[J]. 大学图书馆学报，2008，01：3-6，27.
④ 茆意宏. 基于手机移动通信网络的图书馆服务研究述评[J]. 图书馆理论与实践，2008，02：22-24.
⑤ 茆意宏. 论高校图书馆手机阅读服务[J]. 情报科学，2008，12：1861-1864.
⑥ 茆意宏，武立斌，黄水清. 图书馆手机服务系统的建设：需求调查与分析——以南京地区图书馆为例[J]. 图书馆工作与研究，2008，12：55-58.

检索表达式}显示数据已有论文达到 144 条，是 2008 年论文数量的近一倍。从此，图书情报界对图书馆移动服务研究进入了快速发展阶段，各年论文发表数量如图 1-1 所示。

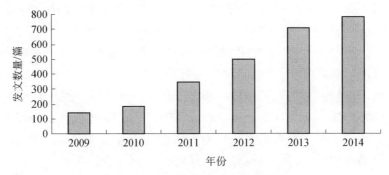

图 1-1　CNKI 中发表论文数量统计

　　为了更好地体现国内 2009～2014 年图书馆移动服务研究深度，再次修改了检索式进行对比检索。检索表达式=（图书馆 and 移动）or（图书馆 and 手机）检索范围限定在核心期刊及核心期刊扩展，检索结果如图 1-2 所示。

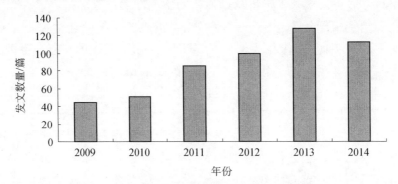

图 1-2　CNKI 中核心期刊（含扩展）发文数量统计

　　通过图 1-1 与图 1-2 可以看出，整体发展趋势呈现一致的状态。在整体数量上（图 1-3），从 2009 年{非核心期刊÷核心期刊（含扩展）}约 3.27 的比值，到 2010 年约 3.69，到 2011 年约 4.0，到 2012 年约 4.98，到 2013 年约 5.55，到 2014 年约 6.97，可以得出，研究图书馆移动服务的群体数量在扩展，关注视角也在不断扩展，发文量体现出领域进入快速发展的阶段。

　　本书在对 2009～2014 年核心期刊（含扩展）下载的基础之上，进行了关键词统计，统计结果详见表 1-2。

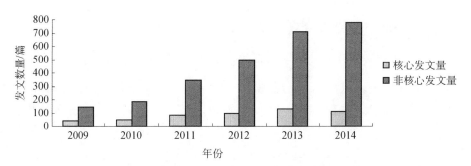

图 1-3 核心期刊（含扩展）与整体期刊对比图

表 1-2 关键词统计表

频率	关键词
2	用户参与、预约借书、数据库、文献计量分析、用户体验、推广、大专院校、调查分析、SMSmashup、信息需求、发展现状、新生代农民工、应对策略、新媒体环境、开源软件、图书馆自动化、学术图书馆、美国、资源聚合、中国、多元化、对策、泛在、数字图书馆推广工程、三网融合、自适应服务、知识共享、新媒体、移动搜索、社会网络、sulcmis、个性化、本地化、图书馆信息服务、Web2.0、Mobile2.0、读者信息、掌上图书馆、自助服务、可视化、LBS 服务、传统图书馆、图书馆手机服务、建设策略、全民阅读、延伸服务、比较研究、影响因素、信息行为、开发模式、信息资源
3	微信息、大学图书馆、用户、移动教育、技术接受模型、OPAC、安卓、智慧图书馆、图书馆联盟、移动阅读服务、用户需求、移动计算、微信公众平台、移动技术、全媒体、移动图书馆服务、本体、信息传播、移动 Widget、移动学习、泛在服务
4	信息推送、WAP 网站、短信服务、物联网、信息服务、移动终端、云计算
5	微博、大数据、泛在图书馆、情景感知、Solomo、数字资源、市场营销、服务、二维码
6	QR 码、大学生
7	智能手机、WAP
8	参考咨询、图书馆服务
9	短信/彩信服务、手机阅读、移动阅读
10	电子阅读、个性化服务、APP
12	社交网络、服务模式
13	微信、3G
14	数字图书馆
15	公共图书馆
16	移动互联网
17	移动信息服务、移动阅读
23	高校图书馆
33	移动服务
44	手机图书馆、图书馆
53	移动数字图书馆
71	移动图书馆
112	用户服务

注：为了表示对著作者的尊重，因此，对于含义近似，称呼不同的关键词未进行合并；频次 1 次词汇过多，不进行具体表述。

五、国内相关研究主要团体

自 2009 年开始，图书馆移动服务研究视域扩展进一步明显，同时，研究主体也更加清晰。其中，南京农业大学信息科学技术学院茆意宏发表的文章数量一直持续稳定状态，其于 2009 年发表论文《移动互联网与图书馆服务创新》、2012 年发表论文《面向用户需求的图书馆移动信息服务》与《我国图书馆移动信息服务的现状与发展对策》，并于 2013 年出版图书《面向用户需求的图书馆移动信息服务研究》。这些研究成果是领域研究最核心的力量。

清华大学张成昱、方玮与窦天芳、张蓓等在 2009 年发表《基于资源整合的手机图书馆系统的设计和实现》和《关于移动数字图书馆建设的几点思考》的基础之上，于 2010 年发表了《清华大学无线移动数字图书馆用户体验调研》，2013 年发表了《二维条码在移动图书馆服务拓展中的应用探索》，2014 年发表了《开放模式下图书馆微信公众平台服务的设计与实现》等文章，是领域最强大的研究团队，持续力极强，同时也是对相应技术应用最深入的研究主体。

辽宁师范大学高春玲等自 2009 年发表《Mobile2.0 背景下的手机阅读》一文后，于 2013 年起开始对移动服务进行了系统且深入的研究，并于 2013 年发表《基于 SWOT 的图书馆移动阅读服务分析》《移动社交网络在图书馆中的应用初探》《我国图书馆员视角中的移动图书馆服务》《关于我国移动图书馆服务的理性思考》四篇文章，于 2014 年发表《用户阅读图书馆电子资源意愿的影响因素分析——以辽宁师范大学师生移动阅读行为为例》《图书馆 SoLoMo 服务理论基础探寻与对策选择——基于用户参与视角》《微信在图书馆移动服务中的应用研究与实践》三篇文章，其是领域内论文产出量极高的研究团队。

武汉大学余世英、明均仁等于 2011 年发表论文《国内高校手机图书馆移动信息服务调查与分析》，2012 年发表《移动信息服务在国内高校图书馆中的应用模式分析》，2014 年发表《基于用户接受的高校移动图书馆调查与分析》《移动图书馆的用户接受模型实证研究》，是研究领域中对高校图书馆移动服务研究最系统性、研究持续力明显的研究团队。

哈尔滨师范大学梁欣、过仕明等于 2012 年发表《移动图书馆联盟：高校图书馆信息资源共享未来的发展趋势》《移动数字图书馆联盟：高校图书馆信息资源共享的发展趋势》；2013 年发表《移动图书馆服务模式探索》；2014 年发表《国内移动图书馆服务模式发展现状与趋势调研》《基于知识图谱的我国移动图书馆研究热点分析》。其 2012 年的研究内容体现了对移动图书馆联盟的探索，后续研究体现了对领域研究脉络的梳理，体现了研究团队的扩大过程，研究的深入系统化过程，研究能力明显。

重庆大学魏群义等于 2012 年发表《移动图书馆理论研究与实践应用综述》《读者检索行为研究综述》，2013 年发表《国外移动服务可用性研究综述》《国内移动图书馆应用与发展现状研究——以"985"高校和省级公共图书馆为调研对象》，2014 年在《中国图书馆学报》上发表《我国移动图书馆服务现状调查——以国家图书馆和省级公共图书馆为对象》一文，代表了研究团队研究深入度的成熟及完善过程。

江苏大学的施国洪研究团队，2014 年发力明显，在《中国图书馆学报》上发表《移动图书馆研究回顾与展望》《国内图书馆移动服务创新模式与提升策略研究》《基于 CEM 的移动服务供应链结构模型研究》《基于 QFD 的移动图书馆用户需求评估研究》四篇文章。

另外，也有一些研究团队在一段时间内成果丰硕。例如，成都理工大学程孝良等于 2009 年发表《手机图书馆：传播原理、媒介影响与未来展望》《基于移动通信技术的手机图书馆：理念、设计与应用》两篇文章。山东大学师晓青等于 2009 年发表《手机图书馆信息服务现状分析及基于 TD-SCDMA 的展望》《基于 3G 的智能手机移动图书馆创新研究》《手机图书馆信息服务应用价值研究》三篇文章。内蒙古科技大学张文彦等于 2009 年发表《美中 WAP 手机图书馆发展现状比较》《欧美手机图书馆先导计划》《美国手机图书馆的发展概况》三篇文章，对美国图书馆移动服务进行了全面的介绍。福州大学郑成铭与詹庆东于 2011 年发表《移动图书馆服务平台构建设想——以福州大学为例》《基于内容管理的移动图书馆服务平台构建》《基于新媒体的移动图书馆服务研究》三篇文章。上海图书馆夏翠娟等于 2012 年在《现代情报技术》上发表《图书馆移动阅读服务的新契机：HTML5 和 CSS3》及《二维码在图书馆移动服务中的应用——以上海图书馆为例》两篇文章，均从技术角度对移动服务相关内容进行了探索。

第二节　国内实践应用现状

图书馆移动服务虽产生于 2000 年以后，但其发展实践速度迅猛。为了更好地展现我国图书馆移动服务的现状，本书针对中国 34 个代表性公共图书馆，针对中国的 39 所"985 工程"院校图书馆移动服务开展现状在文献阅读的基础上进行了传统及移动网络的调查，且为了保障信息的时效性，在 2014 年 12 月至 2015 年 1 月进行了回访调查，进行了数据的更新。①

一、公共图书馆移动服务开展现状

我国公共图书馆移动服务现状调查结论如表 1-3 所示。

表 1-3 我国 34 个代表性公共图书馆移动服务开展情况表

地域	图书馆	短信	微信	WAP	客户端	其他
北京市	中国国家图书馆	√	√	√	√	资源包括图书、期刊、音视频、论文、图片
天津市	天津图书馆			√		服务项目：馆藏查询、学术资源（图书、期刊、论文、视频、图片等）、我的订阅
上海市	上海图书馆	√	√	√	√	服务项目：我的图书馆、上图讲座、分馆导引、上图电子书、书目检索、电子期刊（试用）
重庆市	重庆图书馆	√	√			书目检索、我的图书馆、重图电子书、入馆指南、读者互动、阅读通、讲座预告、重图新闻、使用说明等服务
湖北省	湖北省图书馆		√	√	√	馆馆通、超星客户端、博看客户端
河北省	河北省图书馆		√	√		服务项目：数字阅读、馆藏书目查询、学术资源（图书、期刊、报纸、学位论文等）龙源手机阅读、博看客户端
山西省	山西省图书馆		√		√	图书推荐、咨询、公益活动（讲座、展览、培训）
辽宁省	辽宁省图书馆	√	√	√		服务项目：馆藏书目查询、龙源手机阅读、学术资源（图书、期刊、新闻、学位论文等）
吉林省	吉林省图书馆	√	√	√		书目查询
黑龙江省	黑龙江省图书馆	√	√	√		服务项目：馆藏书目查询、学术资源（图书、期刊、论文等）、我的订阅
江苏省	南京图书馆		√	√		服务项目：书目检索、借阅查询、视频点播等
浙江省	浙江图书馆	√	√		√	馆馆通，图书馆 OPAC 服务、图书查询、续借、预约预借以及用户空间、图书快递、图书馆信息发布及通知、咨询、微博一键分享、图书馆 LBS 定位查询等功能
安徽省	安徽省图书馆		√			安徽省图书馆英语沙龙

① 说明：受很多移动服务仅能限定域名范围使用，无法实际体验影响，因此部分数据来源于文献阅读。

续表

地域	图书馆	短信	微信	WAP	客户端	其他
福建省	福建省图书馆		√	√	√	服务项目：馆藏文献、学术资源（图书、期刊、西文、视频、论文等）
江西省	江西省图书馆			√	√	馆藏查询、学术资源、我的订阅
山东省	山东省图书馆		√	√	√	信息查询、活动推介
河南省	河南省图书馆		√			传递馆情信息、发表读者活动、加强与读者沟通交流
湖南省	湖南省图书馆		√	√		服务项目：我的图书馆、移动数字资源（试用）、书碟推荐、读者服务
广东省	广东省立中山图书馆	√	√	√	√	服务项目：馆藏书目查询、数字阅读、博看客户端试用
海南省	海南省图书馆	√	√			图书馆信息发布、读者活动
四川省	四川省图书馆			√		馆藏书目查询、综合信息查询
贵州省	贵州省图书馆		√	√	√	馆藏书目查询
云南省	云南省图书馆		√			续借、新书通报、书目查询
陕西省	陕西省图书馆		√	√	√	图书馆动态、eBook、视频、少儿资源、法律资源、考试资源、英语沙龙、学习特色数据库、省情文献、参考咨询、会展与讲座
甘肃省	甘肃省图书馆		√			读者服务、活动预告、馆情通报、服务宣传
青海省	青海省图书馆		√			青海图书馆外语培训部
台湾省	国立台湾图书馆					无
广西壮族自治区	广西壮族自治区图书馆		√	√	√	书目查询、图书续借、馆内信息、参考咨询、活动公告
内蒙古自治区	内蒙古自治区图书馆		√		即将上线	免费全方位的数字图书馆服务
西藏自治区	西藏自治区图书馆		√			图书馆活动、培训、讲座等信息，随时提供西藏图书馆服务活动
宁夏回族自治区	宁夏回族自治区图书馆					无
新疆维吾尔自治区	新疆维吾尔自治区图书馆		√			图书馆信息活动介绍、文章推荐
香港特别行政区	香港中央图书馆					无
澳门特别行政区	澳门中央图书馆					无

二、高校图书馆移动服务开展现状①

我国"985工程"高校图书馆移动服务现状调查结论如表1-4所示。

表1-4   "985工程"高校图书馆移动服务开展现状一览表

地域	图书馆	短信	微信	WAP	客户端	服务项目
北京	北京大学	√	√	√	√	借阅状态、借阅历史、图书续借、短信订退等
北京	清华大学	√	√	√	√	书目查询、读者借阅查询、预约、续借、图书馆信息、公告
上海	上海交通大学	√	√	√	√	催还提醒、预约到馆通知
上海	复旦大学	√	√	√	√	移动OPAC、数据库的移动服务与应用等
湖北	武汉大学	√	√	√	√	馆藏书目查询、预约、续借、在线检索、下载、阅读、文献传递、订阅服务
浙江	浙江大学	√	√	√	√	邮件通知等
北京	中国人民大学	√	√		√	文献资源供阅读使用；实现馆藏查询、续借、预约、查询借阅历史、咨询问答、预约图书馆研修空间及自习座位等自助式移动服务
江苏	南京大学		√	√	√	查询、预约、续借、新书通报、关注、图书评论互动、短信邮件分享、扫描条码查询
吉林	吉林大学		√	√	√	馆藏查询、图书续借、图书到期查询、数据库文献检索下载、文献传递
广东	中山大学		√		√	馆藏查询、阅读学术论文、观看视频、
北京	北京师范大学	√	√	√		馆藏查询、借阅查询、续借、新书推荐、电子资源检索下载
湖北	华中科技大学	√	√	√	√	超星移动图书馆、微信公众平台借还书实时提醒、过期图书催还提醒、查询个人借阅记录
四川	四川大学	√	√	√	√	网上预约图书、阅读学术论文、观看视频、体验有声读物
安徽	中国科学技术大学	√	√		√	馆藏查询、借阅信息、校车时刻表查询、查询快递信息、查询天气
天津	南开大学		√	√	√	书目检索、预约图书、发表评论、关注本书、将书目信息通过短信或邮件方式分享给好友、查看借阅信息、续借，并支持快速扫描条码查询、续借
山东	山东大学		√	√		书目查询、在线阅读电子图书，报纸文章、中、外文期刊文献，文献传递获取文献资源
湖南	中南大学				√	馆藏查询、图书续借

① 过仕明等. 国内移动图书馆服务模式发展现状与趋势调研[J]. 大学图书馆学报, 2014, 01：90-96；宋恩梅等. 移动的书海：国内移动图书馆现状及发展趋势[J]. 中国图书馆学报, 2010, 09：34-48.

续表

地域	图书馆	短信	微信	WAP	客户端	服务项目
陕西	西安交通大学	✓	✓	✓	✓	馆藏查询、到期、逾期、预约、新书推荐、借阅查询、电子资源检索和阅读、短信通知、云服务共享
福建	厦门大学		✓	✓	✓	汇文掌上图书馆
黑龙江	哈尔滨工业大学	✓	✓	✓	✓	卓越联盟图书馆知识共享服务平台、超星移动图书馆
北京	北京航空航天大学	✓	✓	✓	✓	查询、预约、续借、新书通报、热门借阅、评论互动、读者荐购、信息推送、讲座信息、在线阅读、扫码下载图书等
上海	同济大学	✓	✓	✓	✓	催还提醒、书目查询、读者借阅查询、预约、续借、图书馆信息、公告
天津	天津大学		✓	✓	✓	个人借阅查询、馆藏查阅、新闻推荐浏览、新书推荐浏览、新书简介浏览，图书、期刊、报纸、论文等电子全文在移动终端上直接获取和阅读
上海	华东师范大学	✓	✓	✓		馆藏查询、学术资源、资源动态、我的订阅、本馆概况
江苏	东南大学	✓	✓	✓	✓	图书馆概况、动态、图书馆导航、查找书目、文献、期刊推送、我的图书馆
北京	中国农业大学	无	无	无	无	无
广东	华南理工大学	✓	✓	✓	✓	催还提醒、预约书到馆通知、书目查询、读者借阅查询、预约、续借、图书馆信息、公告
湖南	湖南大学		✓	✓	✓	馆藏查询、图书导航、期刊导航、意见反馈
陕西	西北工业大学		✓	✓	✓	馆藏查询、预约、续借、借阅查询、新书推荐、订阅书籍、报纸、热门推荐、电子资源检索和阅读
辽宁	大连理工大学	✓	✓			微信使用：馆藏查询、借阅信息
北京	北京理工大学	✓			✓	催还提醒、预约书到馆通知、读者借阅查询
重庆	重庆大学	✓		✓	✓	催还提醒、预约书到馆通知、读者信息查询、续借、书目查询、读者借阅查询、预约续借、图书馆信息、公告
辽宁	东北大学	✓				不详
甘肃	兰州大学	✓	✓	✓		馆藏查询、个人中心、了解最新科研信息、订阅查询、电子资源检索和阅读
四川	电子科技大学	✓	✓	✓	✓	馆藏查询、到期通知、逾期催还、预约、热门书排行榜、咨询、热门书推荐、预约取书通知、新书通知、咨询问答、新闻发布、公告通知、云服务共享
山东	中国海洋大学	✓	✓	✓	✓	超星移动图书馆客户端、到期提醒、催还、预约到书提醒、实时查询借阅信息、续借图书以及挂失证件等

续表

地域	图书馆	短信	微信	WAP	客户端	服务项目
陕西	西北农林科技大学	√	√	√	√	馆藏文献自助借阅服务、个性化服务信息定制、电子文献阅读和传递服务
北京	中央民族大学		√		√	图书馆公共信息、最新资讯
湖南	国防科技大学	无	无	无	无	无

第三节　服务现状总结与新信息环境

一、服务现状总结

通过梳理，可以清晰得出以下结论。第一，从时间上看，无论是国外还是国内，图书馆移动信息服务起步时间均相似——大约在 2000 年，美国作为先导者身份出现。第二，移动信息服务内容与技术支撑相关。在世界各国的研究过程中，也都是基于移动终端及移动网络的发展而推动着图书馆移动信息服务的发展的，服务状态与信息技术的支撑力度相关。第三，研究阶段也整体趋同，大体经过了三个阶段。初级阶段体现在对移动终端设备使用接受度的研究上，探索了图书馆进行移动信息服务的可行性；中级阶段体现在各类型模式的建设上，初步搭建起了各种类型的图书馆移动服务模式，逐步推进了图书馆移动服务的发展；第三阶段体现在对信息用户需求的关注上，更多地在进行着信息需求调研，以期建设内容完善传统图书馆服务令人不满意的状态，转向以信息用户的需求作为出发点，从而进行信息服务内容及模式的建设过程。第四，研究主体也大多集中在各类型传统图书馆、数字图书馆的机构，也存在部分数据库、信息技术企业的参与。应该可以肯定地说，图书馆移动信息服务已经成型，但仍未成熟，未来仍有很大研究空间。

作为一种服务类型的延伸，其出现与发展也完全符合图书馆的发展轨迹；作为一种最新的服务形态，其创新性空间将会更大。未来，随着移动信息终端、移动信息网络及相关信息技术的发展，必将带来图书馆移动服务在技术支撑上的成熟与发展；在"微"信息资源不断建设扩充的基础上，必将为图书馆移动信息服务带来更多的信息用户群体。在以上信息技术及信息资源平台的支撑下，必将带来更多的信息服务模式及内容。因此，关注服务仍将是各类型图书馆永恒的追求主题。从目前的图书馆移动信息服务研究现状来看，已经开始了对信息用户的关注，但受研究团队的视域范围影响，更多地体现在了广域关注上，缺乏对个性化需求的建设；在信息服务建设过程中，更多的仍在实践现状，而未达到评价反馈阶段；在信息环境背景不断变化的同时，更多的信息服务仍侧重于图书馆领域，未达到"信息中介"高度。移动信息服务，是时代给予图书馆的必然轨迹，是图书馆的生命力。

二、新信息环境

1. 背景一

全球信息化进程为图书馆搭建了一条快速路。自美国原总统克林顿入主白宫后，美国于 1993 年提出了"国家信息基础设施行动议"[①]（The National Information Infrastructure：Agenda for Action）。该议程带来的连锁反应是，世界各国纷纷开始信息高速公路（Information Highway）的建设热潮，全球信息化以惊人的速度进行推广和普及。信息高速公路是一种以信息交流为目的的基础设施，它拟建立一个贯通一个国家乃至世界的每一个研究机构、每一所大学、每一个企业及普通家庭的信息网络，为之提供教育、科研、卫生、娱乐、商业、金融等多方面的服务。[②] 数字图书馆正是在这条信息快速路发展的大背景下产生及发展的，同时，数字图书馆也成了评价一个国家信息基础设施水平的重要标志，是世界各国高科技竞争的焦点之一。在我国，自 2001 年开始，就将"中国数字图书馆工程"列入国民经济和社会发展的重点建设项目，将其作为学习型社会的重要组成部分。[③] 无论是国际背景还是国内发展战略，都为图书馆的发展搭建了一条快速路。

2. 背景二

三网融合是近年来通信业及其技术发展中的一个前瞻性概念[④]，为图书馆创造了新的信息环境。其词源最早仍可以追溯到美国的信息高速公路计划中。美国《1996 年电信法》提出"对有线电视运营商及电信服务机构解除限制和束缚，电信企业可以通过无线通信方式、有线电视系统以及开放的视频系统提供广播通信服务"，这被认为是开启三网融合的开端。[⑤] 目前，美国、英国、法国、日本等多个国家均已实现了三网融合。[⑥] 我国早在1998 年就提出"三

① The National Information Infrastructure-Agenda for Action[EB/OL]. http://www.doc88.com/p-181734600 642.html[2015-2-9].
② 罗时进. 信息学概论[M]. 苏州：苏州大学出版社，2011：345.
③ 黄如花. 数字图书馆概论[M]. 武汉：武汉大学出版社，2006：15.
④ 周婉萍. 三网融合背景下图书馆的应对策略[J]. 图书馆研究，2010，9：36-38.
⑤ 兴群. 三网融合背景下公共图书馆的发展与服务[J]. 科技情报开发与经济，2011，11：69-71.
⑥ 金颖. 三网融合时代背景下的图书馆工作与理论研究[J]. 图书情报工作，2010，增刊（2）：9-11.

网合一"的概念并列入国家"九五""十五""十一五"规划。2010 年年初，《国务院关于印发推进三网融合总体方案的通知》中明确指出："推进三网融合战略部署，不仅是当前和当今一个时期应对国际金融危机的重大举措，也是推动国家信息化、培育战略性新兴产业的重要任务。"当年，国务院印发首批三网融合试点，三网融合从此进入了实质性推进阶段。① 三网融合为图书馆带来了一个新的信息环境。在三网融合的背景下，图书馆除原有的互联网平台外，还拥有了电视网、移动电信网此类更宽广的网络环境，直接拓宽了图书馆信息服务的渠道；图书馆在原有用户群基础上，可以实现对电视媒体用户、移动（手机）用户的用户群扩充，同时可以利用新平台用户众多的优势实现对图书馆的宣传通道的扩宽；随着三网融合进程的推进，势必实现资源的共享，为图书馆带来了多元化的、多媒体的信息资源环境，同时也使得各类信息资源在第一时间呈现在信息用户面前，为图书馆创新服务创造新的机遇。

3. 背景三

信息用户的移动阅读需求对图书馆服务模式提出了新的要求。中国互联网信息中心（CNNIC）发布第 34 次调查报告显示，截至 2014 年 6 月，我国手机网民达 5.27 亿人，网民中使用手机上网的人群占比提升至 83.4%，首次超过传统个人计算机（PC），手机作为第一大上网终端设备的地位更加巩固。② 董文鸳在对浙江省大学生手机移动阅读行为调研中得出，33.6%的被调查对象每周移动阅读的时间达到 14 小时以上，手机移动阅读已经成为大学生非常常见的阅读方式。③ 随着移动互联网的高速发展、移动阅读终端价格的降低，信息用户的移动信息获取行为呈现显性的上升化发展趋势。同时，信息用户对图书馆的服务也提出了更高的要求。首先，信息用户的移动化阅读需求明显，激增的海量信息与快节奏的生活，使得信息用户更青睐于选择便利的信息获取方式，手机等移动终端的随身携带性能较好地满足用户的便利性需求。其次，信息用户的个性化特征需求更加明显，碎片化的阅读模式，使得信息用户更加关注自身所需要的信息，体现出需求的个性化特征。最后，立体化的服务模式成为信息用户需求的发展方向，④ 主要体现在信息用户对图书馆的服务内容提出更高的要求上，如嵌入式服务、知识性服务、多媒体服务、辅助学习、支持交流模式等，为图书馆创新服务模式提出了更高的要求。

① 黄凯文. 三网融合对图书馆的影响及其发展对策[J]. 图书馆论坛，2011，8：97-99.
② CNNIC. 中国互联网统计报告[P]. CNNIC，2014.
③ 董文鸳. 浙江省大学生手机移动阅读行为现状的调研与分析[J]. 图书馆杂志，2014，02：51-55.
④ 李晓岩. 全媒体时代图书馆创新服务途径研究[J]. 图书与情报，2011，05：69-71.

第四节　图书馆移动服务模式的研究意义

一、理论意义

图书馆移动服务模式研究的理论意义主要有以下四个方面：

第一，全媒体融合视域下图书馆移动服务研究有益于促进信息资源共享，缩小信息鸿沟。三网融合信息平台能够更好地保障农村信息用户的知识需求，弥合信息鸿沟。我国在 2008 年年初就开始实施"数字兴农工程"，该工程基于有线数字电视网络基础，融合电视、互联网、数字图书馆等技术，建立乡镇图书馆网络信息共享平台，加速推送"三农"信息；浙江、湖南、湖北、江西等省也利用新技术平台将图书馆信息服务、移动信息服务嵌入到农民生活当中。[①]《第八次全国国民阅读调查》显示，手机阅读群体中，52%的是农村居民。[②] 三网融合背景下的图书馆移动服务的研究及开展，能够有效克服信息资源利用不充分、共享困难的弊端。特别对于信息获取弱势群体（老年人、儿童，以及居住在偏远地区、贫困地区的人群）信息鸿沟的弥合，有重要意义。

第二，移动信息服务有益于实现信息用户个性化体验，推动图书馆事业的发展。早期图书馆借助互联网及 PC 开展服务，给信息用户带来了空间上的使用限制，且受各个图书馆资源建设内容的有限性，给信息用户带来了资源上的限制。三网融合及移动服务的开展，能够有效解决空间和资源上的限制，让信息用户能够随时随地随身地获取共享的信息资源，有效地满足信息用户的个性化体验需求。图书馆的发展已经进入了新的"移动"纪元，很多学者都将"移动图书馆"视为数字图书馆的发展延伸，肯定了图书馆开展移动信息服务的价值及必要性。

第三，全媒体融合平台上图书馆移动信息服务有益于拉近图书馆与信息用户距离，成为市民生活的"第三空间"。三网融合实现了三网合一，使得图书馆更便利地拥有有线电视网、移动通信网中的潜在图书馆用户群，直接拉近了图书馆与广大信息用户的距离，为图书馆走下"神坛"，嵌入生活搭建了桥梁。例如，杭州图书馆的"文澜在线"，在三网融合的平台上，将数字电视平台、智能移动终端平台与网站平台进行整合，分别针对网络用户、电视用

---

① 魏建国. 三网融合与数字图书馆信息服务系统构建[J]. 图书馆学刊, 2011, 12: 65-69.
② 中国新闻出版研究院全国国民阅读调查课题组. "第八次全国国民阅读调查"十大结论[N]. 中国新闻出版报, 2011-04-22（5）.

户、手机用户开展服务。"文澜在线"已成为杭州市民家喻户晓的服务品牌，成为杭州市民生活的"第三空间"。[1]

第四，有益于相关产业实现竞争与合作。三网融合将带动整个 IT 产业链的发展。[2] 数字信息内容提供商、信息服务提供商、媒体运营商、通信设备制造商等相关产业都存在巨大的利润空间，为新兴产业发展提供了"温床"。竞争是客观存在的现状，合作是在竞争中谋发展的重要措施。通过对三网融合视域下图书馆移动服务的研究，能够有效区分产业链中各环节的优势，为相关产业发展提供借鉴价值，实现竞争与合作。

二、实践意义

图书馆移动服务模式研究的实践意义主要有以下两个方面：

第一，能够从用户真实的感知体验中获取有益的启示。通过本书调查数据及相关文献调研数据，可以有效采集信息用户对图书馆移动服务的主体意向，这些数据能够有效地为相关机构开展移动信息服务提供借鉴与支撑。同时，本书采用了实验法，通过具体的移动知识推送学习的实验，探索图书馆移动信息服务的创新模式。通过实验过程、实验结果的数据对比，能有效感知移动信息服务的价值。

第二，移动图书馆被称为下一代的数字图书馆，因此，对图书馆移动服务的研究，有益于扩宽数字图书馆的研究视野。本书植根于全媒体融合平台，探索了在全媒体融合背景下图书馆移动服务的定位，对数字图书馆、移动图书馆、相关产业在新信息环境下的发展方向、竞争与共享的融合发展模式均提供了有效的参考。

第五节　研究内容和研究方法

一、研究内容

1. 图书馆移动服务梳理部分

本部分主要包括第一章和第二章，具体如下：

---

[1]　王雅丽. 试论三网融合背景下的数字图书馆发展[J]. 图书与情报，2011，4：112-115.
[2]　魏建国. 三网融合与数字图书馆信息服务系统构建[J]. 图书馆学刊，2011，12：65-69.

第一章内容为图书馆移动服务现状。本章从理论和实践两个角度系统梳理了国内外图书馆移动信息服务发展脉络及主要研究内容，并提出了本书的主要研究定位与研究内容、研究方法、研究创新点等内容。

第二章内容为相关概念与理论基础。为了更好地实现对研究对象的认识，本章对相关概念进行了系统的论述。同时，对本书研究的理论基础范围进行了限定，包括科学发展观理论、图书馆学相关理论、传播学相关理论、教育学相关理论及社会心理学相关理论。

2. 图书馆移动服务模式构建基础部分

本部分主要包括第三章和第四章，具体如下：

第三章内容为图书馆移动服务内涵与机制。本章在对图书馆移动信息服务内涵及特点描述的基础之上，用系统论的观点对图书馆的系统内组成要素及相互关系、图书馆移动服务外部影响因素进行了分析，并基于以上内容定位了图书馆移动服务的基本模式，包括内容模式、技术模式、服务模式、综合运营模式等。

第四章内容为图书馆移动服务需求定位。为了使图书馆移动信息服务更好地嵌入信息用户生活，符合信息用户的具体需求，本章在相关文献数据支撑基础上，进行了覆盖五个专业四百余人的大规模数据采集调研，使得信息用户的图书馆移动信息需求呈现出一定的显性化特征。

3. 图书馆系统内移动服务模式构建及实验部分

本部分主体为第五章和第六章，具体内容如下：

第五章内容为图书馆移动服务主体模式构建。对于信息用户来说，他们对于图书馆或其他信息机构的认知更多地体现在信息资源和信息服务两个层面上。本章在上一章数据结论之上，主要对被信息用户所感知的图书馆移动服务信息资源模式及信息服务模式，以及作为基础支撑的信息技术模式进行构建，以期提升相关服务，满足信息用户的需求。

第六章内容为主体移动服务模式效用实验——以移动知识学习推送服务为例，对百余名研究客体展开具体实验，基于移动信息推送技术进行相关知识推送。通过近半年的推送过程，能较好地感知图书馆移动信息服务的应用价值。

4. 图书馆系统外共享移动服务模式构建部分

本部分包括第七章和第八章内容，具体如下：

第七章内容为图书馆移动服务共享模式构建。本章主要针对信息用户无法直观感知的图书馆移动信息服务的竞合共享发展模式进行构建。

第八章内容为图书馆移动服务建设及共享方案。本章介绍了中国国家图书馆移动服务、杭州图书馆移动服务、上海图书馆移动服务、书生移动图书馆、超星移动图书馆案例模式。

5. 研究总结与展望部分

第九章内容为总结与展望。

二、研究方法

本书主要运用了以下研究方法：

1. 文献调研法

广泛收集国内外相关领域的研究文献，跟踪研究动态，在阅读大量文献、掌握基本理论的基础上，为后续研究做好铺垫。

2. 在线调查法

为了更好地了解国内外图书馆移动服务现状，利用传统及移动网络平台对国内"985工程"院校图书馆、全国各省（自治区、直辖市）图书馆进行了网络访问。

3. 专家咨询法

通过主动拜访本领域专家学者，或通过电话、E-mail等方式向专家请教咨询研究中的具体问题，并对征求专家的验证与评定意见。

4. 问卷调查法

针对5个专业的近500名大学生进行问卷发放与信息收集。

5. 访谈调查法

为了保障实验数据更好地嵌入实验对象学习内容，对近60名实验对象进行面对面访谈。

6. 实验法

征集100名实验对象，进行为期半年的移动知识推送实验。

7. 模拟体验法

研究者利用自身移动终端设备模拟信息用户下载中国国家图书馆、上海图书馆APP，体验所提供的移动信息服务；通过包月购买移动电视频道，体验移动网络环境下电视节目收视操作。

三、研究创新点

1. 研究视角创新

以往图书馆移动服务研究过程中，研究者更多关注于图书馆本身，从理论上探讨信息用户的需求，因此带来的效果不能令信息用户满意。本书在探索过程中，以三网融合所带来的信息资源环境、信息用户行为的改变作为视域背景，从信息用户的行为需求出发，调研具体需求并在此基础上进行服务模式、服务内容的建设，拟提升结论的信息用户满意度。

在研究过程中，除图书馆学基础理论支撑外，借助心理学理论，构建了移动服务心理驱动模型；借助教育学理论完善了实验操作过程的知识内容体系与方法；借助传播学理论探索了图书馆移动服务的共享模式。同时，本书从科学发展观理论视角，认定移动服务是符合图书馆科学发展规律的服务内容，丰富了数字图书馆移动服务的研究视角。

2. 研究方法多元

（1）除文献分析阅读外，本书在研究过程中进行了三次大规模调查：第一次进行三网融合视域下信息用户的需求调研；第二、三次调研为 100 名实验者数据分析。

（2）为了使结论更加客观，本书制作了一个测试数据群，并对测试者进行为期半年的移动信息推送服务，以保证实验数据的客观性。研究参与者众多，除被调研人数近 550 人外，为保证实验数据的价值，特邀请实验数据领域相关学者群，辅助进行测试数据范围的界定及问卷的设计。

（3）使用研究方法包括文献调研法、在线调查法、专家咨询法、问卷调查法、访谈调查法、实验法、模拟体验法七种。

第六节 本 章 小 结

全球信息化进程为图书馆搭建了一条快速路，三网融合平台为图书馆创造了一个新的信息环境，信息用户的移动阅读需求对图书馆服务提出了新的要求。在这样一种客观内外需求环境驱动下，图书馆有必要顺势而为进行移动服务模式的建设。同时，通过借助图书馆移动服务模式的建设，有益于促进信息资源共享、缩小数字鸿沟，有益于实现信息用户的个性化体验、推动图书馆事业的发展，有益于拉近各类图书馆与信息用户间的距离、开辟市民生活的"第三空间"，也有益于探索图书馆新型的产业模式。

在以上研究背景及研究意义的支撑下，通过文献调研、网络调研，本章进行了国内外研究进展的梳理。具体包括：①对早期的国外移动服务实践、研究主体，目前国外移动服务开展内容，进行了相关介绍；②对国内理论研究现状、研究主体团队，"985 工程"高校图书馆，各省（自治区、直辖市）公共图书馆的移动服务实践现状进行了介绍；③通过对 CNKI 数据库检索，对 2009～2014 年领域核心期刊（含扩展）中文献关键词的统计，探索了目前国内论文研究的主体内容；④进行了研究总结与述评。

第二章

相关概念与理论基础

没有理论支撑的研究是空洞的研究。对研究中的概念进行有效的疏理、清晰地定位研究对象，能够使研究更具有目标与导向，能够使研究内容不偏离研究轨迹，从而起到研究的一脉相承作用。本章结合后续研究内容，总结研究所需要的基础理论，以期为进一步研究图书馆移动服务奠定理论基础。

第一节 相 关 概 念

一、图书馆及相关概念

1. 图书馆

"library"来自拉丁文"liber"（图书）。图书馆是通过文献收集、整理、存储与利用，为一定社会读者服务的文化科学教育机构。图书馆的历史可追溯到公元前 3000 多年以前的美索不达米亚保存泥板文献的图书馆，另外，古代埃及、中国和古希腊等人类文明的发源地都出现了图书馆。[①] 随着时代的推进、人们对图书馆划分视角的不同，出现了很多与图书馆相关的名词。通过对丘东江等于 2013 年出版的《图书馆学情报学大辞典》统计分析，共有"图书馆"类名词百余种，分别是，学校类：班级图书角、大学生图书馆、大学图书馆、大学系图书馆、分部图书馆、高校中心图书馆、教师图书馆、学区

① 丘东江等. 图书馆学情报学大辞典[M]. 北京：海洋出版社，2013.

图书馆、学校图书馆、学院图书馆、研究生图书馆；用途类：版本图书馆、保存图书馆、参考图书馆、存储图书馆、法定呈缴本图书馆、技工（艺徒）图书馆、借书图书馆、流动图书馆、汽车图书馆、图书馆船（艇）、盲人图书馆、少年儿童图书馆、市政参考图书馆、水上图书馆、图书流动车、外借图书馆、研究图书馆、暂设图书馆、专门图书馆、总统图书馆、议会图书馆；建设者类：报社资料室、博物院图书馆、法院图书馆、公司（企业）图书馆、会员图书馆、监狱图书馆、教会图书馆、教区图书馆、军事（部队）图书馆、媒体图书馆、商会图书馆、世界 WIP 图书馆、私人图书馆、寺院图书馆、一人图书馆、医院图书馆、政府机关图书馆；资源角度：唱片图书馆、地图图书馆、电影图书馆、法律图书馆、幻灯片图书馆、技术图书馆、家谱图书馆、建筑图书馆、录音资料图书馆、美术（艺术）图书馆、科学图书馆、图片文库、医学图书馆、音像资料图书馆、音乐图书馆、影片图书馆；行政区类：城市图书馆、地区图书馆、公共图书馆、国家图书馆、基层图书馆、农村（乡村）图书馆、社会图书馆、省图书馆、县图书馆；新技术类：电子图书馆、泛在图书馆、开放式图书馆、区域数字图书馆、世界银行数字图书馆、手机图书馆、网上图书馆、我的图书馆、虚拟图书馆、因特网公共图书馆、掌上图书馆、自助图书馆；非"常"类：邓小平图书馆、谷歌图书馆、李政道图书馆、骆驼图书馆服务、钱学森图书馆、毛泽东图书馆、玩具图书馆、智力拼图烟具图书馆；等等。无论图书馆名词如何称谓，其本质属性都是图书馆。

2. 图书馆相关概念

（1）数字图书馆（Digital Library）。1992 年通常被认为是数字图书馆提出的时间，美国 Garrett 等进行 Digital Library 探讨的文献发表。同年，美国国家科学基金会（NSF）召开"Workshop on Electronic Libraries"。1992 年年底，同样的研讨班更名为"Workshop on Digital Libraries"。此后，Digital Library 开始作为常用概念，出现在会议及文献当中。[①] 把数字图书馆建设推向研究高潮的是 1994 年，由 NSF、美国国防部高级研究计划署（DARPA）、美国国家宇航局（NASA）三家联合发起了数字图书馆先导计划（Digital Library Initiative，DLI）。[②] 对于数字图书馆的概念，学者们都提出了自己的看法。美国的 William Y. Arms 将数字图书馆描述为"以数字化信息存储，通过网络访问的，有组织的信息馆藏与相关服务"[③]。在众多概念中，"Digital Library

---

① 刘炜等. 数字图书馆引论[M]. 上海：上海科学技术文献出版社，2000.
② 黄如花等. 数字图书馆原理与技术[M]. 湖北：武汉大学出版社，2006.
③ Arms W Y. 数字图书馆概论[M]. 施伯乐等译. 北京：电子工业出版社，2001.

Federation"（美国数字图书馆联盟）的定义受到普遍的认同。它将数字图书馆定义为一种以一致性、永久性的方式将数字化馆藏信息存储并迅速、经济地提供给特定使用者利用的组织，由计算机软硬件、通信网络与专业人员组成。[①]

（2）复合图书馆（Hybrid Library）。"复合图书馆"一词最早由英国图书馆学专家苏顿（S. Stton）于 1996 年提出。他将图书馆分为连续发展的四种形态，即传统图书馆、自动化图书馆、复合图书馆与数字图书馆。他认为在复合图书馆阶段，可以实现传统馆藏与数字馆藏的并存，但两者的平衡越来越倚重数字型，因为用户可以通过图书馆的服务器或网络自由访问跨地域的分布式数字化信息资源。在国内，黄宗忠先生也于同年提出了传统图书馆、自动化图书馆、数字图书馆要共存互补的观点。在复合图书馆中，信息资源、信息载体、技术方法、服务规范、服务对象、服务手段、服务设施、服务产品等都是复合的，即传统与现代并存。[②] 目前，由传统图书馆建设的数字图书馆，在概念范畴上应属于复合图书馆类型，从图书馆发展趋势上看，复合图书馆不会是一个短暂的过渡期，而会是一种和数字图书馆长期并存的状态。本书所指数字图书馆包括复合图书馆中的数字图书馆建设内容。

（3）虚拟图书馆（无墙图书馆、环球图书馆）。虚拟图书馆是指虚拟化的图书馆镜像，它以信息资源的数字化存储和网络化传递为基础，使网上所有信息资源打破物理馆藏的界限而构成逻辑上的"馆藏"，使文献传递服务超越服务者个体资源的限制，用户只要拥有计算机并与网络连接，本人不必到图书馆，也不必关注信息存储在哪里，就能在任何地点、任何时间充分自由地查询、搜索和利用网上的信息资源，并且不受期限、数量与馆际界限的限制，是实现信息资源共享的"大公图书馆""无围墙图书馆"或"环球图书馆"[③]。虚拟图书馆更多强调的是网络化、动态化、开放化的特点，但对于信息资源、信息技术、信息服务等数字图书馆应包含内容并未涉及，因此，本书数字图书馆的概念界定与虚拟图书馆无关。

二、移动图书馆及相关概念

1. 移动图书馆/手机图书馆

移动图书馆，学术界普遍认同的英文翻译为"Mobile Library"。Mobile

---

① Digital Library Federation[EB/OL]. http: //www.diglib.org[2005-1-5].
② 360 百科. 复合图书馆[EB/OL]. http: //baike.so.com/doc/7682780.html[2014-12-21].
③ 吴慰慈. 图书馆学基础[M]. 北京：高等教育出版社，2007：98.

Library 在 2006 年《英汉图书馆情报学词汇》^① 中仅被翻译为流动图书馆、图书馆服务车（将书装配在交通工具上，如马车、汽车等，将图书运送到偏远地区，以供当地人进行阅读使用，也常被翻译为 Book Mobile。当今社会也仍然存在通过移动书车的形式，进行图书与读者的跨地域之间的交流活动）。2013 年版《图书馆学情报学大辞典》^② 中将其定义为"手机图书馆"，移动通信技术的高速发展使移动信息服务成为 21 世纪的新潮流。手机图书馆将移动通信网络和图书馆系统结合起来，利用手机终端延伸、拓展传统的图书馆服务，随时随地进行信息传输与服务，是图书馆向数字化发展的新方向。可见，移动图书馆与早期的流动图书馆、手机图书馆有着根本性的连接关系，都有着打破空间限制，实现图书与读者的零距离交流功能。只不过早期的移动图书馆更多地借助的是交通工具，手机图书馆更多强调借助手机终端，移动图书馆更多强调接收终端的随身携带性，即信息接收终端除了手机之外，还包括 iPad、PDA、MP3 等掌上设备。

移动图书馆虽然是在 1993 年美国南阿拉巴马大学图书馆启动的无屋顶图书馆（The Library Without a Roof）计划（探讨利用手持 PDA 访问其图书馆数字化资源及服务的可行性）后才开始正式进行研究阶段，但各个国家对其实践应用早已如火如荼地展开，学术界对其定义已基本达成共识。2002 年，朱海峰提出，所谓"无线图书馆"就是用户使用便携式终端设备获取所需文献信息的数字化图书馆，是数字图书馆的进一步扩展。^③ 2004 年，胡振华、蔡新对移动图书信息服务或移动图书馆做了如下定义：是指依托目前比较成熟的无线移动网络、国际互联网络以及多媒体技术，使人们不受时间、地点和空间限制，通过各种移动设备来方便灵活地进行图书馆图书信息的查询、浏览与获取的一种新兴的图书馆信息服务，是数字图书馆电子信息服务的延伸与补充。^④ 他们的后续研究也在对之前定义进行丰富、修饰的基础之上延续性地使用。对于移动图书馆的信息服务特征^⑤也基本达成共识，主要包括移动性（无线接入的移动特征，打破了物理位置的局限性）、便利性（信息用户不受时空制约，不受使用设备制约）、社交性（移动终端本身就是一种社交工具）、移情性（能够有效地适应信息用户的心理需求，满足个性化能力提升）、自主性（信息用户具有强力的选择能动性，可以实现"设计"型信息服务）等五

① 孙平. 英汉图书馆情报学词汇[M]. 北京：清华大学出版社，2006：480.
② 丘东江. 图书馆学情报学大辞典[M]. 北京：海洋出版社，2013：729.
③ 朱海峰. 数字化图书馆的发展——无线图书馆[J]. 图书馆理论与实践，2002，（6）：14-15.
④ 胡振华，蔡新.移动图书信息服务系统[J]. 现代图书情报技术，2004，（4）：18-20，42.
⑤ 施国洪. 国内图书馆移动服务创新模式与提升策略研究[J]. 图书馆杂志，2014，（3）：67-73.

个方面。可以肯定地说，移动图书馆更多强调的是一种基于无线网络的移动终端来实现对图书馆或图书馆信息或信息服务的获取，可以理解为是图书馆数字化服务的移动性延伸。

2. 泛在图书馆

泛在图书馆（Ubiquitous Library）意即无所不在的图书馆，它是在泛在知识环境下图书馆的新形态，具有馆藏数字化、信息传递网络化、信息共享自由化等特点。泛在知识环境下诞生的泛在图书馆，是以用户需求为导向、超越传统图书馆和数字图书馆服务局限的个性化动态服务模式。相对于数字图书馆而言，泛在图书馆有更开放的服务空间和服务对象，服务手段和服务机制更加灵活，能够满足信息用户个性化的信息需求及使用空间要求。

许多学者从各自理解去探讨泛在图书馆的概念。1995 年，Neal Kaske 在《泛在图书馆在这里》一文中提到泛在图书馆的梦想就是任何时间、任何地点的图书馆[1]。国外首次提出泛在知识环境下的泛在图书馆是在 2003 年 NSF 的报告中，是针对网络的日益发展，本着任何人在任何地方、任何时间都可以搜索人类所有的知识，而不会有时间、地点、文化、语言的障碍，实现信息资源共享的最高目标"5A"（任何用户在任何时候、任何地点均可以获得任何图书馆拥有的任何信息资源）而提出的[2]。2003 年，韩国学者李恩奉（Lee Eung Bong）认为，泛在图书馆是指用户能应用信息设备随时随地获得所需信息的图书馆，并且能够通过集成的有线或无线宽带网迅速提供相关信息[3]。同年 12 月，由 Chadess B. Lowry 博士领导的团队直接将"泛在图书馆"作为马里兰大学图书馆未来五年发展的新导向，使"泛在图书馆"这一术语在校园里得到广泛传播[4]。2013 年，有国内学者提出 IOA-8A 泛在图书馆的概念，其中，IOA 是指互联网（Internet）和开放存取（Open Access），8A 是指任何图书馆（Any Library）、任何用户（Any User）、任何时间（Any Time）、任何时期（Any Period）、任何地点（Any Place）、任何类型（Any Type）、任何格式（Any Format）和任何语种（Any Language）[5]。虽然泛在图书馆没有一个统一的概念标准，

---

① 原锦黎. 泛在图书馆对高校图书馆建设的影响[J]. 江西图书馆学刊，2009，4：8-10.

② Li L L. Building the Ubiquitous Library in the 21st Century[EB/OL]. http: //www.ifla.org/IV/ifla72/PaPers/140-Li-en.pdf[2014-11-20].

③ BAE Kyung-Jae et al. The Ubiquitous Library for the Blind and Handicapped: a case study of the LG Sangnam Library，Korea[EB/OL]. http: //cat.inist.fr/?aModele=afficheN&cpsidt=20301209[2013-11-20].

④ Lowry C B. The Ubiquitous Library: University of Maryland Library in the New Directions&Continuing Legacy[EB/OL]. http: //www.lib.umd.edu/deans/ublibreport.pdf[2014-03-21].

⑤ 孙韶菊. IOA-8A 泛在图书馆的泛在服务及特点研究[J]. 图书馆学刊，2013，10：3-5.

但它的最基本理念是公认的：图书馆在任何时间、任何地点都是可存取的[①]。有学者认为，"泛在图书馆"这个专业术语比电子图书馆、数字图书馆、复合图书馆、虚拟图书馆等能更形象地描述未来图书馆的发展形态[②]。在此基础上，可以认为泛在图书馆就是基于泛在网络，为任何人，在任何时间、任何地点提供任何信息以供学习和生活需要的任何信息提供组织[③]。泛在图书馆服务的特征突出了其无处不在的性质；其人性化的服务以人们察觉不到的形式嵌入人们生活之中。

可以通过以图 2-1 来展示各相关名词之间的发展脉络关系。

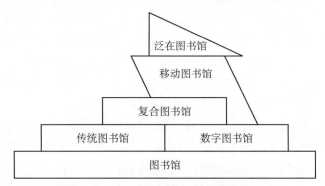

图 2-1　图书馆相关概念发展脉络图

三、信息媒体相关概念

1. 三网融合

三网融合，是指广播电视网、电信网与互联网的融合，其中互联网是核心。但在现阶段它并不意味着电信网、计算机网和有线电视网三大网络的物理合一，而主要是指高层业务应用的融合。其表现为技术上趋向一致，网络层上可以实现互联互通，形成无缝覆盖，业务层上互相渗透和交叉，应用层上趋向使用统一的 IP 协议，在经营上互相竞争、互相合作，朝着向用户提供多样化、多媒体化、个性化服务的同一目标逐渐交汇在一起，行业管制和政策方面也逐渐趋向统一。三大网络通过技术改造，能够提供包括语音、数据、图像等综合多媒体的通信业务。[④] 三网融合的信息技术特点主要有：①数字

---

①　任静. 基于 3G 技术的泛在图书馆移动信息服务研究[J]. 数字图书馆，2009，2：44-48.
②　刘云英. 泛在图书馆与移动信息服务[J]. 农业图书情报学刊，2010，11：280-283.
③　王硕，徐恺英，张超，王鹤晶. 终身学习视野下泛在图书馆知识生态系统进化研究[J]. 图书情报工作，2012，6：22-27.
④　360 百科. 三网融合[EB/OL]. http://baike.so.com/doc/6635945.html[2014-12-18].

化。三网融合是在三种网络平台基础上进行的融合发展，其传输信息利用数字技术将不同的信息进行二进制编码，统一为二进制比特流，使得数据、图像、声音信息通过比特流在网络间进行交换传输。②IP 化。IP 技术为多种业务提供了统一的平台。IP 分组头决定分组转发路径，解决在多样物理介质与多样应用需求之间的映射需求，使得各种业务在不同网络上实现互通。③移动化。随着无线通信系统的飞速发展，网络无线化以其个人化、方便接入、无处不在的特征，成为网络接入的主要手段。未来的移动互联网、手机视频、移动多媒体广播电视将全面带动通信网络和广播电视网络的移动化发展。④宽带化。多媒体信息往往数据量大、服务质量要求高，而光纤通信技术能够很好地满足这些需求，成为网络发展的主体趋势之一。①

2. 其他相关概念

（1）互联网。互联网，又称网际网路或音译因特网、因特网，是网络与网络之间所串连成的庞大网络，这些网络以一组通用的协定相连，形成逻辑上的单一巨大国际网络。这种将计算机网络互相连接在一起的方法可称作"网络互联"，在这基础上发展出覆盖全世界的全球性互联网络称"互联网"，即"互相连接一起的网络"②。

（2）移动通信。移动通信是移动体之间的通信，或移动体与固定体之间的通信。移动体可以是人，也可以是汽车、火车、轮船、收音机等在移动状态中的物体。通信双方有一方或两方处于运动中的通信，包括陆、海、空移动通信。采用的频段遍及低频、中频、高频、甚高频和特高频。移动通信系统由移动台、基台、移动交换局组成。③

（3）数字电视。数字电视，即数字信号的电视系统或电视设备。其具体传输过程是：由电视台送出的图像及声音信号，经数字压缩和数字调制后，形成数字电视信号，经过卫星、地面无线广播或有线电缆等方式传送，由数字电视接收后，通过数字解调和数字视音频解码处理还原出原来的图像及伴音。因为全过程均采用数字技术处理，因此信号损失小，接收效果好。④

（4）全媒体。全媒体是指在具备文字、图形、图像、动画、声音和视频等各种媒体表现手段基础之上，进行不同媒体形态（纸媒、电视媒体、广播媒体、网络媒体、手机媒体）之间的融合，产生质变后形成的一种新的传播

---

① 黄凯文. 三网融合对图书馆的影响及其发展对策[J]. 图书馆论坛，2011，8：97-99.
② 360 百科. 互联网[EB/OL]. http://baike.so.com/doc/2011565.html[2014-12-18].
③ 360 百科. 移动通信[EB/OL]. http://baike.so.com/doc/5767736.html[2014-12-18].
④ 360 百科. 数字电视[EB/OL]. http://baike.so.com/doc/3132617.html[2014-12-18].

形态。① 全媒体更多的是基于信息传播角度，强调所传递信息内容的多种媒体形态。也有部分学者将三网融合与全媒体概念重叠，认为全媒体认知中的纸媒、广播媒体早已被网络媒体所覆盖，因此，"五"媒早已转化为"三"媒，而三网融合的实质，也正是"三"媒的融合。

（5）新媒体。全媒体由传统媒体和新媒体两个要素组成。新媒体，也被称为"第五媒体"，是指新技术媒体的应用形式，利用数字技术，基于网络技术和移动通信技术，通过各类网络渠道，呈现信息互动传播的创新形态媒体。目前，新媒体主要包括互联网媒体、掌上媒体、数字互动媒体、车载移动媒体、触摸媒体。新媒体是个发展的概念，永远不会终结在某个现存的媒体形态上。②

第二节　理　论　基　础

一、科学发展观理论

科学发展观，就是坚持以人为本，全面、协调、可持续的发展观。"第一要义是发展，核心是以人为本，基本要求是全面协调可持续，根本方法是统筹兼顾。"其中，"以人为本"是科学发展观的本质和核心。以人为本的概念是"要把人民的利益作为一切工作的出发点和落脚点，不断满足人们的多方面需求和促进人的全面发展"，包括四个具体方面：在经济发展的基础上，不断提高人民群众物质文化生活水平和健康水平；尊重和保障人权，包括公民的政治、经济、文化权利；不断提高人们的思想道德素质、科学文化素质和健康素质；创造人们平等发展、充分发挥聪明才智的社会环境。③

伴随着社会信息环境的变化、信息用户需求的变化，图书馆一直未间断其发展进程。从旧中国的藏书楼，到新时代的图书馆，到"九〇后"数字图书馆的新生及发展，再到复合图书馆的形态，无不符合科学发展的轨迹，都是在以"用户"为本，将信息用户的根本需求作为图书馆工作的出发点及落脚点，不断满足信息用户现实的及潜在的各类需求，同时通过图书馆信息用户的需求满足，来促进人的全面发展，提升科学文化素养。

2000 年以后，随着信息环境中移动信息网络的飞速发展、移动终端的迅

---

① 李晓岩. 全媒体时代图书馆创新服务途径研究[J]. 图书与情报，2011，5：69-71.
② 张芳宁. 新媒体视角下图书馆的信息服务[J]. 新世纪图书馆，2011，8：45-48.
③ 360 百科. 科学发展观[EB/OL]. http://baike.so.com/doc/5350644.html[2014-12-21].

速普及，信息用户的需求呈现出明显的"移动化"状态。在这样的背景下，图书馆仍要以科学发展观为指导，根据信息用户的需求开展适应时代需要的、人民需要的服务内容，做到科学发展。因此，本书立足图书馆，在科学发展观理论的指引下，基于信息用户的需求，开展图书馆移动信息服务研究，以期通过研究结论加速图书馆的科学发展进程。

二、图书馆学理论

1. 阮冈纳赞与图书馆学五定律

1931 年，印度著名图书馆学家阮冈纳赞提出了"图书馆学五定律"。他指出：书是为了用的；每位读者有其书；每本书有其读者；节省读者的时间；图书馆是个生长着的有机体。[①] 图书馆学五定律的内容无不体现了以读者为本的观念：第一定律"书是为了用的"，体现了图书馆的基本职能，是现代图书馆区别于古代图书馆的根本；第二定律"每个读者有其书"，强调图书馆要为所有读者服务，体现了图书馆作为公益性组织的保障信息公平的作用，体现了图书馆精神的精髓；第三定律"每本书有其读者"，提出了图书馆及工作人员的工作目标，要求图书馆为了实现这一目标而要不懈努力地改进图书馆的工作内容及方法；第四定律"节省读者时间"，与以上定律相互呼应，提出工作考核的标准之一，也是从读者角度评判图书馆工作的方法之一；第五定律"图书馆是个生长着的有机体"，指出图书馆是处于发展变化进程之中，不能保持现状，而应顺应变化的需求进行变化，进行不间断的生长，对图书馆未来的发展变化给予了一定的趋势性规范。印度政府为表彰阮冈纳赞在图书馆学中的贡献，于 1965 年授予其"国家研究教授"的光荣称号，这也是印度学术界最高的荣誉。[②] 开展图书馆的移动信息服务，就是图书馆学五定律在新数字时代的发展必由之路。本书在研究过程中，无时敢忘"一切为了读者"的初心，从读者需求出发，探索图书馆在新时代的发展状态。

2. 芝加哥学派及其理论

1928 年，芝加哥大学成立了一所具有博士学位的图书馆学院（GLS），其学风及理论追求影响了整整一代图书馆学家。GLS 的教员致力于发展具有高度理性的图书馆学知识体系，他们从历史、文化和社会的角度思考图书馆生存的哲学问题，同时也以社会科学中流行的实证方法或辩证方法研究图书馆

---

① 吴慰慈. 图书馆学基础[M]. 北京：高等教育出版社，2007：73.
② 范并思. 20 世纪西方与中国的图书馆学[M]. 北京：北京图书馆出版社，2004：38.

问题，被后人称为"芝加哥学派"。芝加哥学派，以一套社会科学的理念来研究图书馆学。他们认为，图书馆是一个"社会机构"，它既包括图书馆与读者、读者与作者的人际关系这样一种社会信息学问题，也包括图书馆整体运作模式的社会学问题。图书馆社会功能和社会价值的实现脱离不了社会环境的影响与制约，同时社会环境与图书馆是处于一种互动的"历史的进化"之中的。因此，对图书馆这一社会机构的研究必须有多个层面，必须引入社会学、心理学、历史学等其他社会科学的理论与方法。可以说，图书馆作为"社会机构"的认识，是芝加哥学派主张将图书馆学"社会科学化"的理论动力。[①]受芝加哥学派的理论影响，本书在研究过程中，借鉴了大量社会科学研究方法，以期研究结果更加符合图书馆作为社会组织机构职能要求的特征。

3. 共享理论精神及赫伯特·普特南（Herbert Putnam）

信息资源共建共享理念的源头，可以追溯到 19 世纪末；馆际互借的思想甚至可以追溯到更早的年代。根据西方图书馆学家的介绍，早在 8 世纪的时候，馆际互借的概念就已经被提出。[②] 现代图书馆事业出现后，馆际互借得到迅速的发展。在 1886 年杜威倡导"图书馆运动"时，就强调应该加强馆际合作。其中，普特南的贡献很大。普特南于 1899 年担任美国国会图书馆馆长，将其图书馆专业人员理念带入图书馆管理进程，使美国国会图书馆开始承担美国国家中心图书馆的职能，在美国宏观文献资源建设中发挥了应有的作用。美国图书馆学专业人员的理想，直到普特南担任馆长时，才在美国国会图书馆成为现实。由于普特南不仅是美国国会图书馆馆长，同时也是美国图书馆协会的代言人，因此其上任后，美国图书馆界加速了全美文献资源共享的步伐，包括 1901 年推出的馆际互借和集中编目。[③] 人们称他为"20 世纪的帕尼兹，图书馆事业的两个伟大造型人之一"[④]。美国图书馆协会在国家图书馆事业发展重大决策中所产生的作用，至今没有哪个国家能够做到。可以肯定地说，图书馆界追求馆际间合作及信息资源共享的理论精神，是 20 世纪最值得纪念的图书馆学理论精神之一。本书在共享精神的指引下，研究了图书馆移动信息服务的共享发展模型，以期通过理论的指导，实现信息资源共建共享。

---

① 范并思. 20 世纪西方与中国的图书馆学[M]. 北京：北京图书馆出版社，2004：34.

② Gilmer L C. Interlibrary Loan: Theory and Management. Englewood, Colo: Libraries Unlimited, Inc., 1993.

③ 范并思. 20 世纪西方与中国的图书馆学[M]. 北京：北京图书馆出版社，2004：26.

④ 袁咏秋，李家乔. 外国图书馆学名著选读[M]. 北京：北京大学出版社，1988：33.

4. 宓浩等的"知识交流论"

1984 年 12 月，中国图书馆学会基础理论组在杭州召开了中国图书馆学会成立后的一次图书馆学基础理论研讨会，也是新中国成立 35 年后首次全国性的基础理论研讨会，简称杭州会议。其中，"知识交流论"是一个在杭州会议前后形成的图书馆学派，其创始人是宓浩。宓浩认为，图书馆不仅是社会知识的搜集者，同时也是知识开发、知识交流过程中处于信息通道之中的中介机构。"知识交流论"是中国 20 世纪 80 年代最具有特色的图书馆理论，在吸收西方图书馆学"交流论"的基础上，形成了观点鲜明、理论严谨、体系完整，富有现代图书馆学的理性图书馆学理论。其理论意义在于，能够较好地说明图书馆的外部联系和社会功能，揭示出图书馆活动的内在本质范畴，明确了图书馆活动在一系列相关活动中的位置，阐明了图书馆的演化过程和演化内在依据，说明了一些学科与图书馆学的相关性，在实践层面上使图书馆工作逐渐由文献提供深入到知识提供的层次，由被动服务逐步发展为主动服务，注重与读者的直接交流，更深刻地认识到图书馆在社会中的重要作用。[1]本书在实验操作部分，正是在"知识交流论"思想指引下，以信息用户需求出发，建设相关知识推送测试资源数据，利用移动信息网络、信息用户的移动终端，进行知识的移动推送实验。

三、传播学理论

1. 拉斯韦尔的传播过程模式

拉斯韦尔是传播学史上第一位提出传播过程模式的学者。他首次提出传播过程是由五种按一定结构顺序组合的要素构成的。这五种要素是：Who、Says what、In which channel、To whom、With what effect。后来人们取每个要素的首字母"W"，称之为"5W"模式。[2] 拉斯韦尔的"5W"模式在传播学历史上具有重要意义，为人们理解传播过程提供了具体的出发点，后来大众传播学所研究的五大领域："控制研究""内容分析""媒介分析""受众分析"和"效果分析"，都是沿着拉斯韦尔"5W"模式展开的。[3] 后来，传播学家麦奎尔等将模式以图形的形式进行展现，如图 2-2 所示。

拉斯韦尔的传播过程模式虽然有其重要的理论意义，但在实践过程中，实际上缺失了信息传播的反馈过程，与人类在传播过程中的实际传播现象还

---

① 范并思. 20 世纪西方与中国的图书馆学[M]. 北京：北京图书馆出版社，2004：279.
② 哈罗德·拉斯韦尔. 社会传播的结构与功能[M]. 何道宽译. 北京：中国传媒大学出版社，2015.
③ 郭庆光. 传播学教程[M]. 北京：中国人民大学出版社，2011：51.

图 2-2　拉斯韦尔的传播过程模式[①]

存在一定的差异。图书馆进行各类信息服务的过程，实际也是信息传播的过程。"5W"模式能够实现完全的无缝对接，Who——各类图书馆，本书定位为图书馆；Says what——所传递的信息知识；In which channel——移动网络及移动终端；To whom——图书馆信息用户；With what effect——图书馆移动信息服务效果。

2. 威尔伯·施拉姆的互动模式

受拉斯韦尔等传播者提出传播模型单向性特征与实际传播过程存在偏差的影响，施拉姆在 1954 年[②]进行了互动模型的修正过程。在其提出模型中，传播者和受传者在传播过程中，一直进行着身份替换，即传播者在下一轮的传播过程中，成了受传者；第一轮中的受传者，在下一轮的传播过程中，又成了传播者。实际上，该模式体现了反馈机制也是传播过程中的重要因素之一。施拉姆的互动模式是符合信息传播过程的实践状态的，使信息传播过程互动性、循环性的特征呈现出来，是传播学的重要理论创新过程。除此之外，施拉姆的互动模式的重要贡献还在于，其破译了信息在"人内传播"过程中的编码、释码、译码的完整过程，超越了其余研究者的传播外系统的研究视野，进入了"人内传播"系统的描述，真正实现了信息传播研究的系统完整性。施拉姆的互动模式如图 2-3 所示。

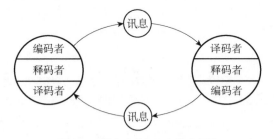

图 2-3　施拉姆的互动模式图[③]

本书在图书馆移动信息服务共享发展模式中，将共享的视野空间扩宽到信息用户间的共享模式，所构建的模型正是基于施拉姆的互动模式展开并进

① McQuail D，Windahl S. Communication Models，London，New York：Longman，1981：10.
② 罗时进. 信息学概论[M]. 江苏：苏州大学出版社，2011：213.
③ McQuail D，Windahl S. Communication Models. London，New York：Longman，1981：14.

行了针对性扩展。

3. 赖利夫妇的传播系统模式

美国的赖利夫妇从事社会学研究，在其所发表的《大众传播与社会系统》一文中，提出了一种新型的"社会"系统传播模式，如图2-4所示。该模式在研究传播过程中，考虑了人的社会属性，即人不仅仅是个体，也是归属于其所处社会群体的"社会人"。在信息传播过程中，受人内传播系统、人际传播系统、群体传播系统、社会传播系统四个不同的层级传播系统的共同影响，四种系统之间既有相互独立的状态，又有相互联系与相互作用的过程。每种传播过程不仅与单一内部传播流程相关，还要考虑其外部环境的影响。赖利夫妇的传播系统模式是对信息传播系统从微观到中观以至宏观的整体系统性的描述，对系统的研究传播的组成机构具有重要意义。同时，受研究的社会学背景影响，该模式扩宽了信息传播研究的"社会人"视野，具有较强的应用价值。

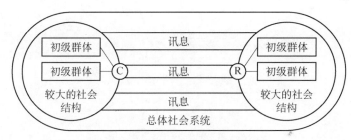

图 2-4 赖利夫妇的传播系统模式①

C=传播者；R=受传者

图书馆移动信息服务植根于新信息时代的社会环境，受赖利夫妇的传播系统模式影响，本书在研究过程中将群体进行了适度的划分，并通过对群体的划分探索具体的移动传播内容。

4. "镜众传播"模式

20世纪70年代末到90年代末，以报纸、广播、电视为主的三大媒体引领着大众传播为主流传播模式的时代。随着因特网的迅速走红，"第四媒体"用户群体的迅猛增多，催生出新型的小众传播模式，信息传播进入大众传播与小众传播并行时代。2004年7月，《中国妇女报》推出了全国第一家手机报《中国妇女报——彩信版》，引起了各类媒体的躁动；另外，手机短信平台投

---

① McQuail D，Windahl S. Communication Models. London，New York：Longman，1981：40.

入商业运营，信息传播逐步转入以小众传播为主。随着三网融合，信息传播将呈现传授双向的镜众模式。"镜众就是会共鸣的消费者"[①]，每位信息接收者就像镜子反射光线一样，在接受信息影响后，利用网络，主动传播信息以影响他人，实现了施传者和受传者的合一（图 2-5）。在这样的镜众传播模式下，大众传播媒介能较好地完成一次"点对面"传播，网络、移动媒体等小众传播能更好地完成第二次"点对点"、第三次"点对点"……精确传播。[②]

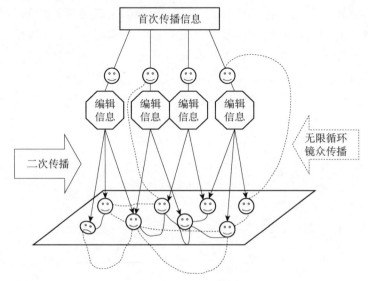

图 2-5 "镜众传播"模式图

四、心理学理论

1. 纽科姆社会心理模式（Newcomb's A-B-X Model）

美国社会心理学家纽科姆，在社会心理学家海德早期传播理论的基础上，于 1953 年提出经典的纽科姆社会心理模式，并在 1961 年，对密歇根大学的 17 名大学生进行实验。实验结果表明，人们相互之间的感情、态度、信念有一定的联系和相互作用，因此人们的认知系统有趋向于某种一致性的倾向。这项研究在 2 年内成功地重复了多次。其理论认为：在涉及"第三者"时，两个个体之间可能存在着一致性和不一致性。[③] 例如，两个个体 A、B，他们

① 消费潮流. 镜众就是会共鸣的消费者[R]. 东京：电通消费者研究中心，2008.
② 李菲，徐恺英，常改. 三网融合视阈下数字图书馆竞合发展模式研究[J]. 情报理论与践，2012，02：30，52-54.
③ 罗时进. 信息学概论[M]. 苏州：苏州大学出版社，2002：212.

共同面对的事物是 X。那么，在这个环境中，就存在了四种意向，分别是：①"个体 A"对"个体 B"的意向；②"个体 A"对"事物 X"的意向；③"个体 B"对"个体 A"的意向；④"个体 B"对"事物 X"的意向。当这四种意向都非常强烈时，A 与 B 之间的心理趋同效果最好，比较容易实现心理趋同驱动（图 2-6）。纽科姆社会心理模式结论显示，人们对于与自己意向或立场相一致的信息源，愿意付出更多的注意力，对于加强"受传者"现存观点、态度和行为的信息，将会得到更好的接收效果。本书在图书馆移动信息服务模式构建中，对于不同人群的划分方法、不同人群的信息服务模式的具体服务内容构建，正是以纽科姆社会心理模式为基础展开的。

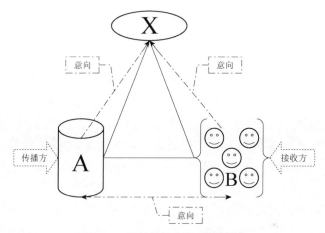

图 2-6　纽科姆社会心理模式图

2. 马斯洛需求层次理论

马斯洛需求层次理论及自我实现理论是人本主义理论中影响最广泛的理论。马斯洛把人的需求从低级到高级分成五个层次：生理需求、安全需求、归属与爱的需求、尊重需求和自我实现需求。这些需求从低到高排成了一个阶梯，只有当低级需要得到满足或部分满足之后，高级需求才会产生。马斯洛的这一理论在管理和教育实践中产生了极大的影响，许多激励手段都是以此为基础创设的。[①] 实际上，信息用户的信息/知识获取行为也存在着层次上的需求分布状态，正如图书馆信息资源建设中会将信息资源进行分级。信息用户也只有在低一级信息需求得到满足的基础之上，才会产生高一层级的信息需求，无论这一层级的需求在之前是否已经被其意识。因此，本书所建设

---

① 侯玉波. 社会心理学[M]. 北京：北京大学出版社，2007：12.

图书馆移动信息服务资源结构也体现出了具体的层级思想，从信息用户的低层级需求逐步阐述到高层级的需求；图书馆移动信息服务的模式服务内容构建中，也采用此理论基础，进行不同层级信息用户的信息分层服务。

第三节 本章小结

本章首先对研究中运用的概念进行界定，包括：①图书馆（概念、数字图书馆、复合图书馆、虚拟图书馆）；②移动图书馆（概念、手机图书馆、泛在图书馆）；③信息媒体（三网融合概念、技术特点、互联网、移动通信、数字电视、全媒体、新媒体）。通过对所涉及概念进行的界定，可以使目标明确、脉络清晰。

本章对后续研究起引领、支撑的相关理论进行了梳理，包括：科学发展观理论、图书馆学理论（阮冈纳赞与图书馆学五定律、芝加哥学派及其理论、共享精神理论、宓浩等的"知识交流论"）、传播学理论（拉斯韦尔的传播过程模式、施拉姆的互动模式、赖利夫妇的传播系统模式、"镜众传播"模式）、心理学理论（纽科姆社会心理模式、马斯洛需求层次理论）的基本概要。

其中，科学发展观理论更多的是一种精神上的支撑，从科学发展的规律去探索图书馆发展的趋势，确定了本书的主要方向定位于移动信息服务；阮冈纳赞与图书馆学五定律、芝加哥学派及其理论，更多借鉴的是研究思想、研究方法，在信息用户需求的调研中更多地起到思维上的引导作用，对本书的整体设计思路起到指引作用；赖利夫妇的传播系统模式，在进行群体分类中起到了主要的借鉴作用，并在此基础上，进行了资源模型、服务模型的分众建设；纽科姆社会心理模式应用在服务模型的构建中，在分众定位基础上，进行了心理驱动的探讨；共享精神理论、施拉姆的互动模式、"镜众传播"模式，更多地作为共享模型构建中的支撑理论存在；宓浩等的"知识交流论"、拉斯韦尔的传播过程模式、马斯洛需求层次理论，更多体现在实验部分，进行合理的实验内容及实验方法上应用，具体对应关系如表 2-1 所示。

表 2-1 理论基础及应用映射简表

范畴	理论基础	支撑作用	映射内容
	科学发展观理论	理念引领，研究进程梳理、寻找研究轨迹，判断发展趋势	国内外研究现状梳理，判定移动服务是图书馆未来研究主体趋势

续表

范畴	理论基础	支撑作用	映射内容
图书馆学理论	阮冈纳赞与图书馆学五定律	理念引领,强调要关注信息用户需求,探索未知的图书馆状态	图书馆移动服务需求定位
	芝加哥学派及其理论	强调图书馆的社会功能和价值,需引入其他社会科学的方法实现对图书馆的社会化研究	需求定位;心理驱动型服务模式;实验操作
	共享理论精神	强调合作、共同发展	共享模式建设
	宓浩等"知识交流论"	强调图书馆的"知识中介"职能,揭示图书馆的内在本质	实验操作部分,以移动知识服务为实验切入点
传播学理论	拉斯韦尔传播过程模式	经典"5W"模式,仍适用于移动网络环境下的信息传播	图书馆移动服务系统逻辑构成
	施拉姆互动模式	破译了信息在人内传播的过程,对共享进行了理论解析	"Living books"共享模式中人内传播部分
	赖利夫妇的传播系统模式	强调"社会人"的传播共融过程,更科学地阐释共享过程	"Living books"共享模式中人际传播共享部分
	"镜众传播"模式	是移动网络环境下所带来的新型无序传播模式	对应共享研究中不可控共享过程的理论解释
心理学理论	纽科姆社会心理模式	社会心理学的趋同心理状态	服务模式构建
	马斯洛需求层次理论	强调需求的阶段性连续状态	实验操作中推送资源的定位

第二部分

图书馆移动服务模式构建基础

第三章

图书馆移动服务内涵与机制

　　图书馆是一个复杂的系统，作为以移动终端为接入口、基于移动互联网平台使用的移动服务模式，也有其相对于其他数字信息服务不同的特征。因此，在对图书馆移动信息服务进行深入研究之前，应首先对移动信息服务的基本理论，以及图书馆移动信息服务的内涵、组成要素、运行机制进行系统分析，为图书馆移动信息服务研究奠定坚实的理论基础。

第一节　图书馆移动服务内涵

一、图书馆服务

　　服务是图书馆永恒的主题，体现了图书馆的核心价值观。图书馆移动服务是现代信息技术与图书馆的完美结合，这种结合使得图书馆的信息服务能力得到了极大的提升。我国图书馆移动服务是基于数字信息及移动网络平台而展开的。我国学者肖珑等认为"数字图书馆服务是基于网络进行的多样化的用户服务，是数字图书馆中与用户进行交流、充分理解和满足用户需求、使数字收藏得到充分获取与利用的不可或缺的手段和途径，其目标就是为用户营造一个基于网络的虚拟图书馆环境，体现数字图书馆在互联网上存在的价值"。数字图书馆服务具有服务对象社会化、服务内容多元化、服务手段网络化、服务资源共享化等特征。

在 2013 年全国数字图书馆建设与服务联席会议上制定的《数字图书馆服务政策指南》中指出，数字图书馆服务是指一个物理的图书馆所提供的数字化的文献信息资源服务，或指无所不在的网络化的虚拟图书馆服务。同时，该指南强调数字图书馆服务包括以下内容：①根据服务对象、馆藏情况、基础设施建设情况，提供基于互联网、卫星或移动通信、镜像等多种方式的服务，以便最大限度地满足用户的需求，最有效地利用数字图书馆的资源和服务；②服务包括但不局限于资源获取、信息服务、信息素养教育、技术服务、保存服务等内容。①

二、移动信息服务

移动信息服务是伴随着移动互联网发展而衍生的新型服务。艾瑞咨询公司从信息技术和移动终端角度将移动互联网定义为：以宽带 IP 为核心，可同时提供多媒体等业务服务的开放式基础电信网络；从移动终端角度看，在广义上是指信息用户使用移动终端，通过移动网络获取移动通信网络服务和互联网服务，在狭义角度上，指信息用户使用移动终端，通过移动网络浏览互联网站和移动通信网站，获取多媒体、定制信息等其他数据服务和信息服务。②

我国学者茆意宏将移动信息服务定义为"面向移动（环境下的）用户，通过移动/无线信息网络与手持移动信息终端向用户提供的信息服务"。茆意宏并针对移动信息服务的概念从三个角度进行了分析和总结：①移动信息服务是信息服务的组成部分，是一种新兴的信息服务。②移动信息服务是面向移动环境下的用户的信息服务。移动信息环境是指移动环境中人们可以兼顾从事信息活动的空间环境。③移动信息服务是基于现代移动信息技术的信息服务。根据移动信息服务中信息技术的演变过程，移动信息服务可以归结为传统移动信息服务、移动通信服务、移动通信增值服务、移动互联网服务四个阶段。③

三、图书馆移动服务

目前，对于图书馆移动信息服务的概念有着不同的定义描述内容，对其

---

① 奉国和. 数字图书馆[M]. 北京：北京大学出版社，2014：130.
② 百度文库. 2008-2009 中国移动互联网行业发展报告简版[EB/OL]. http://wenku.baidu.com/view/1752a8916bec0975f465e211.html[2014-12-22].
③ 茆意宏. 面向用户需求的图书馆移动信息服务研究[M]. 北京：中国书籍出版社，2013：37.

命名也有无线图书馆、移动图书馆服务、图书馆移动信息服务系统、移动图书馆等诸多表述。但综观各个定义，发现有以下要素均被各个定义所覆盖，分别是，信息服务资源形态——数字化、信息服务主体——图书馆、信息服务技术平台——移动终端。因此可以判断得出，各类定义在进行描述过程中，仅仅是出发角度存在一定的差异倾向，但所研究内容实质是相同的。在进行概念界定上，笔者更倾向于图书馆移动服务。

基于对图书馆服务、移动信息服务概念界定的基础上，图书馆移动信息服务可以理解为是图书馆服务与移动信息服务结合的产物，是面向移动环境下信息用户，基于移动终端、移动通信网络，由图书馆向信息用户提供的服务，即图书馆移动服务。

四、图书馆移动服务内涵

借鉴我国学者茆意宏对图书馆移动信息服务论述的内涵，图书馆移动服务内涵包括三个方面：

（1）图书馆移动服务是图书馆服务的组成部分，是对图书馆服务的补充和延伸，与其他图书馆服务模式共同组成图书馆服务。

（2）图书馆移动服务是面向移动环境下的信息用户，是根据移动信息用户的需求而提供的图书馆移动服务。

（3）图书馆移动服务是基于现代移动信息技术的信息服务，并随着移动通信技术、互联网技术和移动终端技术的创新发展而升级、发展。[1]

第二节 图书馆移动服务机制——要素及相互关系

机制，泛指一个工作系统的组织或部分之间相互作用的过程和方式。[2]图书馆移动信息服务机制研究，是认识图书馆移动服务组成要素、相互关系及其与外部环境之间相互作用方式的重要内容。从图书馆移动信息服务的系统逻辑构成来看，图书移动信息服务系统可用图 3-1 进行概括。

---

① 茆意宏. 面向用户需求的图书馆移动信息服务研究[M]. 北京：中国书籍出版社，2013：61.
② 中国社会科学院语言研究所词典编辑室. 现代汉语词典[M]. 北京：商务印书馆，2007：618.

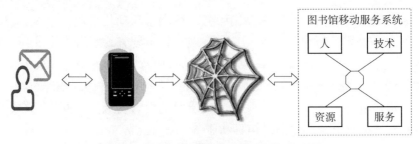

图 3-1　图书馆移动服务的系统逻辑构成图

一、图书馆移动服务系统的组成要素

图书馆移动服务系统由图书馆移动服务建设者（人）、移动服务信息资源、移动信息服务内容、移动信息服务相关技术四个部分组成。

1. 图书馆移动服务者

图书馆移动服务者是信息服务的主导者。人的范畴涵盖了图书馆相关服务的所有参与者，包括设计者、组织者、建设者、执行者和管理者。图书馆移动服务者的素养决定了其服务能力的高低。目前，从事移动信息服务的机构类型也是多种多样的，有以传统图书馆为平台而建设的移动图书馆主体，例如，公共图书馆（如中国国家图书馆、上海图书馆、苏州图书馆、杭州图书馆、吉林省图书馆等），高校图书馆（如清华大学图书馆、南京大学图书馆、北京大学图书馆等）；有数据库出版商和网络出版商为主体建设的移动图书馆主体（如 EBSCOhost Mobile、Elsevier Health、IEEE Xplore、OCLC WorldCat、Google Books）[①]。本书对图书馆移动服务者的界定，更倾向于以传统图书馆为平台、以公益免费服务为主体的图书馆。

2. 图书馆移动服务建设的地基是信息技术

图书馆移动服务建设的地基是信息技术。若离开了信息技术平台的支撑，图书馆及移动信息服务无疑是空中楼阁。目前在图书馆移动服务平台的开发中，起主导作用的更多的是移动运营商和网络信息技术公司，当然，也有些图书馆进行着技术的自主开发与创新。相信随着图书馆移动信息服务的推广和技术模式的逐渐成熟，图书馆、数据库生产厂商等为代表的内容提供方将成为图书馆移动服务技术平台开发的主导者。同时，相应的应用程序也将成

---

① 鄢小燕，张苏闽，谢黎. 基于移动阅读特征分析的图书馆移动服务思考[J]. 图书馆论坛，2012，05：93，130-133.

为开发和应用的重点。[①] 除图书馆研究主体开发的技术平台外，国内图书馆电子书服务商也开发了相应的移动服务平台，主要有方正阿帕比移动图书馆方案、超星移动图书馆方案、书生移动图书馆方案等。这些信息技术也可以是开展图书馆移动服务的技术合作方向。[②]

3. 图书馆移动服务信息资源

图书馆移动服务信息资源是信息用户接受与利用的对象，是图书馆移动信息服务核心价值的体现。图书馆的基础职能是保存和传递文献，离开了信息资源，图书馆就失去了其存在的根基。同时，信息用户对各类图书馆的使用，更多的仍是聚焦在信息或知识层面上。离开了信息资源，图书馆移动服务就成了无源之水、无本之木。因此，加强对图书馆移动服务信息资源的建设是各类建设的重中之重。目前，图书馆移动信息服务资源内容主要来自两个维度：一是传统图书馆资源的移动化升级；二是以信息用户移动需求的资源内容为导向，进行具体移动信息资源内容的建设。

4. 图书馆移动服务内容

图书馆移动服务内容，是信息用户接触到的图书馆移动服务的门面，是信息用户持续利用的保障。没有信息服务的接口，图书馆的人力资源、技术平台、信息资源内容均无法体现，信息服务能力的高低，实际上是任何图书馆综合能力高低的直接映射。开展高质量的信息服务不但是信息用户的需求，也是图书馆移动服务系统的发展需求。目前来看，图书馆的移动服务内容也存在着两个维度：一是传统图书馆服务的移动化升级；二是以信息用户移动服务需求的内容为导向，进行具体移动信息服务的创造性建设。Library Journal 的调查报告显示，在 2011 年，美国就已有 44% 的高校图书馆已经提供了移动服务，还有 21% 的高校图书馆有计划提供移动服务。[③]

二、图书馆移动服务组成要素间关系

上述四个要素之间的关系如图 3-2 所示。

其中，人是建设的主体，对图书馆移动服务系统具有推动作用，是灵魂，是最基础的要素，主导着其余三个要素的发展方向及水平；信息技术要素是促进信息资源、信息服务发展的平台。通过先进信息技术的应用，能够有效

---

① 宋恩梅. 移动的书海：国内移动图书馆现状及发展趋势[J]. 中国图书馆学报，2010，9：34-48.
② 韦敏革，覃珍. 高校图书馆移动阅读服务探析[J]. 图书情报工作，2012，S2：184-187，193.
③ Thomas L C. Gone Mobile?（Mobile Libraries Survey 2010）[J]. Library Journal. 2010，135（17）：30-34.

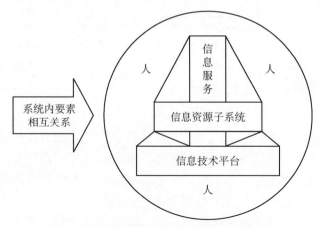

图 3-2　图书馆移动服务系统内要素关系图

提升资源内容建设的质量和信息服务的水平。同时，没有信息技术作为支撑，图书馆移动服务系统也将不复存在；信息服务与信息资源存在着相互的交叉关系，部分信息服务是与信息资源紧密结合在一起的，如参考咨询服务中对于信息资源获取部分。但信息服务的价值又高于信息资源系统，尤其在图书馆移动信息服务系统内，因为随着信息用户移动需求的多样化，出现了很多新型的需求，如"位置地图"类服务，其服务并不依托于传统信息资源建设的内容而开展。

第三节　馆移动服务机制——外部影响因素

从狭义角度看，图书馆移动服务机制的外部影响因素，主要包括三个方面：移动信息用户、移动终端、移动信息网络。当然，从广义角度看，还包括社会的政治、经济、文化、教育等宏观要素，如图 3-1 所示。以下内容是基于狭义视角展开的。

一、移动信息用户的影响

信息用户，是信息的使用者和创造者，通常具备三方面的条件：第一，信息需求；第二，利用信息的能力（包括观察能力、理解能力、概括能力、抽象能力、分析与综合能力、判断与推理能力等）；第三，有接受信息服务的行动。只具备信息需求和信息能力而未形成实际行动的个体，即是潜在信息用户。随着数字时代的来临，信息用户具有了新型概念——数字消费者（Digital Consumers）和数字本地人（Digital Natives）。具体体现如下：在数字环境中，信息用户不再关心稳定的档案式信息查询系统，他们需要在任何时间、任何地点都能够方便地获取信息；数字本地人，更多的是指 20 世纪末成长起来的信息用户，他们从出生开始，就被各种数字环境所包围，是完全的数字化人类。[1]

移动信息用户，是图书馆移动服务的直接服务对象。受卖方市场被买方市场替代的影响，信息用户拥有了极大的信息提供者选择权，可以从众多的信息提供机构中进行选择。在这样买方进行主导的市场环境中，卖方势必要针对买方的需求进行深入研究，从而媒合买方的需求。这一点在图书馆移动服务建设过程中也体现明显，对于信息用户需求的分析，已经成为领域研究的重要内容之一，研究数量及成果颇丰。可以肯定地说，谁明确了移动信息用户的需求，谁就将成为移动信息服务的领跑者。为了使研究更加具有理论及应用价值，本书在对移动信息用户需求挖掘上做了较大量的工作，开展了近 500 人的需求调查、对近 60 人进行了深度访谈、进行了移动信息服务推送操作实验，以检验对移动信息用户的需求满足能力。

三网融合后信息用户群实现了合流，信息行为在一定的共性基础之上，会呈现分众行为及个性行为。目前，可以分析出的共性行为有：①即时分享行为。信息用户在信息接收后，将通过网络采用文字、音频、视频等方式，将自身的信息接收感受进行传递、分享。②移动使用行为。信息用户可利用手机或各类移动设备，随时、随地、随身地获取所需要的信息，完全打破原有的时间、空间上的限制。③信息资源建设行为。信息用户会尽可能地参与信息资源建设过程，实现对海量信息的适度掌握。例如，利用资源点播实现资源自组织、选择图文电视设置信息接收类型等。④信息消费行为。三网融合后增值业务必将大量涌现，其广泛性、内容及服务的针对性，必将迎合各分众信息用户的特殊需求，从而实现信息产品的消费过程。

二、移动信息终端的影响

自 Gessler 等于 1995 年开始基于 PDA 等手持接收设备，探索其实现 WEB 浏览器功能的可能性研究，到 Catherine 等于 2001 年开始探索对移动图书馆服

---

① 乔欢. 信息行为学[M]. 北京：北京师范大学出版集团，2010：122-128.

务模型构建，^① 研究者不能跨越的一个问题就是移动信息终端的接收能力问题。相关调查显示，从阅读的舒适度来看，超过一半（共283人参加调查）的被调查者认为屏幕阅读比纸质阅读更费力；19.3%的觉得两者差不多；仅有29.63%认为前者比后者阅读体验更轻松。^② 这说明，移动终端的性能、特点，对图书馆移动服务是存在一定影响作用的。

目前，移动信息接收终端呈现多样化的发展趋势。常用的终端有手机、Pad（尤其是iPad）、电子阅读器（如Kindle，Bambook）几类。总的来说，手机具有便携、灵活的优点，弱点是屏幕尺寸小且待机时间短；Pad弥补了手机屏幕小的弱点，但信息用户使用 Pad 更多的操作用于商业、游戏、视频，其阅读功能、学习功能弱化；电子阅读器，更多地倾向于阅读使用，很少会进行信息服务的接收。^③虽然非手机型的移动终端越来越多，但智能化手机仍然是其中的主体部分。从接收屏幕角度看，呈现越来越大的趋势，这样更符合阅读使用的需求；从软件角度看，已经与电脑软件进行更深一步的同步；从价格角度看，除某些国际品牌外，价格能够被一般信息用户接受。本书也更多立足于手机接收终端的图书馆移动服务研究。

三、移动信息网络的影响

移动通信技术从 1G、2G 发展到 3G，目前成功向 4G 迈进。随着移动通信技术的升级，带来了更快的数据传输速度，解决了移动通信网络的带宽问题。同时，随着技术的成熟度提升，也带来了系统稳定性的显著提高。有研究称，在 4G 时代，用手机下载一部电影只需几十秒的时间。这样的移动信息网络环境，能有效提升信息用户的使用体验，提升满意度，同时也为图书馆移动服务进行大数据流量信息的传播提供了基础条件。

除此之外，图书馆移动服务信息网络还受到信息环境因素的影响。信息环境也可以称为信息生态，是一个国家、一个地区，乃至全球范围内信息的生长、传播、利用等环节间相互关系的宏观表现形式。这种宏观表现形式构成人类活动的社会环境。信息政策、信息社会化水平和信息源等因素，同样会影响信息的可得性；信息基础设施、信息产品、信息系统和工具、信息服务等因素影响着信息的易接近性。^④

① 李菲，徐恺英. 社会心理驱动下图书馆移动服务模式研究[J]. 情报理论与实践，2015，6：34-48.
② 薛菲，张曼玲. 北京地区高校大学生网络阅读的实证研究[J]. 图书与情报，2011，01：99-103.
③ 韦敏革，覃珍. 高校图书馆移动阅读服务探析[J]. 图书情报工作，2012，S2：184-187，193.
④ 乔欢. 信息行为学[M]. 北京：北京师范大学出版集团，2010：147.

第四节　图书馆移动服务模式逻辑框架

　　模式指某种事物的标准形式或使人可以照着做的标准样式。[①] 图书馆移动服务模式是指图书馆移动服务组成要素之间及其与外部影响因素之间相互作用的方式和过程，是图书馆移动服务活动中各组成要素之间相互作用关系和外部影响因素对图书馆移动服务影响关系的组合。通过对图书馆移动服务运行机制的分析，图书馆移动服务模式主要有两种诞生机制：一是以图书馆移动服务内部各要素为基础的衍生机制；二是以图书馆移动服务发展条件等外在因素为基础的催生机制。[②]

一、图书馆移动服务系统内模式

　　基本模式[③]是指对图书馆移动服务的组成要素及其关系的描述。受不同图书馆移动服务的组成要素彼此间关系程度和作用方式不尽相同的影响，不同的图书馆移动服务也会呈现出不同的模式状态。从组成要素的角度分析，基本模式主要包括主体模式、技术模式、内容模式、服务策略模式、面向用户的服务模式等。①主体模式。主要从移动服务的主体来看，有移动信息服务机构（如中国移动）、互联网服务商（如盛大网络发展有限公司、谷歌）、移动互联网服务商（如3G门户）、移动终端提供商（如苹果产品）、传统出版机构（如报社）、数字出版技术供应商（如方正集团）、数字图书馆、政府及企事业单位信息部门等各类主体模式。②技术模式，有基于WLAN为主的无线通信服务模式，基于3G、4G为主的移动通信服务模式，基于不同移动服务终端（如手机、iPad）的服务模式，基于不同操作系统、短消息、多媒体信息、浏览器、客户端软件等的服务模式。③内容模式。该模式包括通信（如IM、邮件）、移动社交（如微信、社区）、信息服务（如新闻、地图）、娱乐、移动电子商务、移动电子政务等模式。④服务策略模式。单向传递服务模式、用户参与服务模式、主动服务模式、被动服务模式、平移服务模式（直接接入互联网、采用传统信息服务内容）、加入服务模式（导航、学科门户、专题服务）、独立服务模式、协同服务模式。⑤面向用户的服务模式。该模式指根据信息用户的特征设计相应针对性服务，如大学生服务、农民服务等。

---

　　① 中国社会科学院语言研究所词典编辑室. 现代汉语词典[M]. 北京：商务印书馆，2007：961.
　　② 陈建龙. 信息服务模式研究[J]. 北京大学学报（哲学社会科学版），2003，5：124-132.
　　③ 茆意宏. 面向用户需求的图书馆移动信息服务研究[M]. 北京：中国书籍出版社，2013：132.

二、图书馆移动服务竞合共享模式

竞争无处不在，合作却是永恒的主题。图书馆移动服务在新的信息环境下必然要参与竞争，但同时也将面临与竞争对手之间的紧密合作，通过合作来达到一种共发展的状态。了解竞合对象特点，化竞争状态为合作状态是图书馆移动服务该探索的出口。目前可分析出的图书馆移动服务的现实竞争对象有：①以第三媒体为主导的有线电视所包含的信息内容。有线电视从产生至今培养了大批忠实用户，绝大多数老年人、青少年是其中的重要群体。随着三网融合，有线电视网所提供的知识性信息服务内容必定成为图书馆的重要竞争对象。②第四媒体中的网络信息检索系统。第四媒体主要是指互联网，在第四媒体的信息使用中，百度、谷歌类信息检索系统早已培养了大批忠实的用户，其被使用频度早已超越图书馆而遥遥领先。③以手机为主要代表对象的第五媒体信息提供商。手机是到目前为止所有媒体形式中最具普及性、最快捷、最为方便并具有一定强制性的媒体平台，开展了以手机报服务为代表的信息内容服务，培养了大批的信息用户。④信息用户，随着绝大多数信息用户所掌握的信息资源数量迅速扩大，用户之间聚类成了各种信息传输的群体，无形中使得部分信息用户对其他媒体的信息需求量呈现出了减少状态。①

三、图书馆移动服务逻辑模型构建

结合本章所分析图书馆移动服务内涵与运行机制，构建图书馆移动服务逻辑模型如图 3-3 所示。该图内容涵盖了图书馆移动服务的三驾马车，即信息技术、信息资源、信息服务，通过图形关系，可以明确信息技术是信息资源与信息服务的基础，信息资源也是信息服务的支撑，但两者之间又呈现出互不完全包含的关系。图 3-3 也体现了本书所构建的全部内容，即信息技术维度包含了四种主要模式；信息资源维度与信息服务维度均是系统内主体模式与系统外共享模式的结合。该图对本章研究内容起到了总结作用，对后续章节内容起到了引领作用。

---

① 李菲，徐恺英，常改. 三网融合视阈下数字图书馆竞合发展模式研究[J]. 情报理论与实践，2012，02：30，52-54.

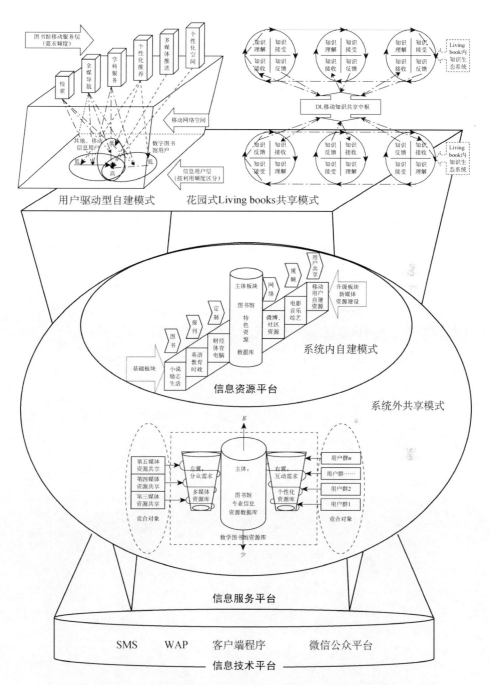

图 3-3　图书馆移动服务"主体模式+共享模式"系统构成逻辑图

第五节　本　章　小　结

在对图书馆移动信息服务进行深入研究之前，有必要对图书馆这个复杂的系统及将要开展的移动服务进行内涵与机制的定位。本章首先对图书馆移动服务的内涵进行了描述，基于图书馆服务、移动信息服务的内涵，进行了图书馆移动服务的定义，探索了其内涵的三个主要方面：图书馆移动服务是图书馆服务的组成部分，面向的是移动环境下的信息用户，是基于现代移动信息技术开展的信息服务。在此基础之上，本章进行了图书馆移动服务机制的阐述。在图书馆移动服务系统内部角度，探索了组成要素，包括图书馆移动服务建设者、移动服务信息资源、移动信息服务内容、移动信息服务相关技术等四个方面，以及各要素之间的关系。在图书馆移动服务系统外部影响因素层面，分析了三个方面的影响因素，分别为信息用户影响因素、移动信息终端影响因素、移动信息网络影响因素。在相关内涵和机制分析基础之上，描述了目前移动服务模式主要包含系统内模式、竞合共享运营模式两个方面，这也是本书主体所构建模式的基础轮廓。

第四章

图书馆移动服务需求定位

每一次人类文明的进步都与传播媒体的发展紧密相关。所谓三网融合，就是指电信网、有线电视网和计算机通信网的相互渗透、互相兼容，并逐步整合成为全世界统一的信息通信网络。其实质不是物理合一，而是高层业务应用的融合。三网融合将带来信息资源、信息传播、用户信息行为等相关内容的整体变革。图书馆作为资源与服务提供主体，有必要理清思路顺应变化，了解信息用户对于信息资源和服务的需求，保持良好的服务状态。

一、新媒体环境带来的信息资源环境

三网融合实现了用电视遥控器打电话、在手机上看电视剧，随需选择网络和终端即完成通信、电视、上网等功能。相较三网独立时代的各具固定资源库、用户群来看，在用户面前的信息资源呈现以下态势：①从数量上看，呈爆炸态增多。其优点是扩大了用户的选择空间，能更好地满足个性化的信息需求；缺点是增加了用户的选择难度，在检索系统不完善情况下将浪费大量时间。②从质量上看，良莠不齐。在这样的平台里，正式出版信息、半正式出版信息、非正式出版信息达到了最大限度的资源共享。③从类型上看，百花齐放。信息将由单一文字、话音、数据、图像、视频等转向多媒体。可以确定的是，随着技术的飞跃，信息还将呈现 3D、4D 甚至 5D、6D、触觉感官等更令受众愉悦的接收效果。

二、新媒体环境带来的用户信息行为

三网融合后信息用户群实现了合流，信息行为在一定的共性基础之上，会呈现分众行为及个性行为。目前，可以分析出的共性行为有：①即时分享行为。信息用户在信息接收后，将通过网络采用文字、音频、视频等方式，将自身的信息接收感受进行传递、分享。②移动使用行为。信息用户可利用手机或各类移动设备，随时、随地、随身地获取所需要的信息，完全打破原有的时间、空间上的限制。③信息资源建设行为。信息用户会尽可能地参与信息资源建设过程，实现对海量信息的适度掌握。例如，利用资源点播实现资源自组织、选择图文电视设置信息接收类型等。④信息消费行为。三网融合后增值业务必将大量涌现，其广泛性、内容及服务的针对性，必将迎合各分众信息用户的特殊需求，从而实现信息产品的消费过程。①

第一节　前期相关调查结论

随着对用户至上、以读者为本观念的不断深入与渗透，在图书馆移动服务研究进程中，对于移动信息用户的关注早已经成为领域研究的重点。通过对 CNKI 数据库中 2009～2014 年领域核心期刊与核心期刊扩展期刊相关检索及内容阅读发现，开展移动信息用户调查的文章调研范围极广。

一、相关调查

基础数据来源包括以下相关调研结论：重庆大学和西南大学共 400 份问卷，开展大学生使用移动图书馆的行为持续性影响因素分析及对策研究；浙江省高校（嘉兴学院、浙江大学、浙江工商大学、浙江师范大学、宁波大学、浙江大学宁波理工学院）600 份，进行手机移动阅读行为现状的调研与分析；大连市高校（大连理工大学、东北财经大学、大连交通大学、大连外国语大学、大连医科大学、辽宁师范大学）300 份问卷，进行基于用户需求分析的高校手机图书馆建设策略研究；北京邮电大学 317 份，进行信息环境下的图书馆用户需求调研；南京市高校（东南大学、南京农业大学、南京工业大学、

---

① 李菲，徐恺英，常改. 三网融合视阈下数字图书馆竞合发展模式研究[J]. 情报理论与实践，2012，02：30，52-54.

南京信息工程大学、南京三江学院、南京交通职业技术学院）600 份，进行泛在图书馆读者需求调查分析；福州大学 300 份，进行移动图书馆服务平台构建设想；合肥市高校（安徽大学、中国科学技术大学、合肥工业大学、安徽农业大学、安徽医科大学、安徽大学江淮学院、安徽邮电职业技术学院）300 份，进行合肥地区高校开展手机图书馆信息服务的调查；利用焦点小组法，对上海地区（上海交通大学、华东师范大学、上海对外经贸大学、上海大学、上海对外贸易学院）的 10 名学生和 5 名教师做了信息收集，探索高校图书馆推广手机阅读的措施；河北师范大学 500 份，进行基于读者信息行为的移动图书馆功能分析；北京市高校（清华大学、北京大学、中国人民大学、北京航空航天大学、北京理工大学、中国农业大学、中国青年政治学院、首都师范大学）294 份，进行高校大学生网络阅读行为的实证研究；上海大学 100 份，基于扎根理论进行高校学生的移动阅读使用偏好分析；湘潭大学、湖南大学、湖南科技大学共 200 份，进行大学生移动阅读诉求的三维度实证分析；南京理工大学 413 份，进行数字时代高校读者阅读现状及图书馆导读研究。

除此之外，还有丁学淑等对沈阳师范大学 1716 名学生进行了为期两周的问卷调查，对大学生的智能手机图书馆服务使用意愿进行调查；高春玲等通过对辽宁师范大学的 3000 份问卷的调查与统计，进行基于个体特征的用户移动阅读行为的差异分析。明均仁等选择武汉地区已开通移动图书馆服务的多所高校图书馆，发送纸质问卷 350 份、同步发放网络问卷 502 份，范围遍及全国 19 个省份（湖北 144 人、北京 31 人、上海 28 人、四川 25 人、江苏 23 人、广东 21 人、重庆 20 人、浙江 15 人、吉林 10 人、山东 7 人、陕西 7 人、安徽 5 人、湖南 3 人、河南 3 人、广西 3 人、福建 2 人、黑龙江 2 人、辽宁 2 人、河北 2 人）、国外 10 人。茹意宏等合计 667 份调查问卷，对国家图书馆、南京图书馆、金陵图书馆、北京大学、清华大学、中国人民大学、北京航空航天大学、北京邮电大学、北京科技大学、北京工业大学、中国传媒大学、南京大学、东南大学、南京师范大学、南京理工大学、南京农业大学、河海大学、南京邮电大学、南京财经大学、南京中医药大学、南京信息工程大学、浙江大学、杭州师范大学、同济大学、上海师范大学、深圳大学、中国科学院科学图书馆、中国社会科学院研究生院图书馆、中国农业科学院图书馆、中国科技信息研究所、中国医学科学图书馆、中国科学院土壤研究所图书馆、江苏省农业科学院图书馆等信息用户进行抽样调查。

二、共性调查结论

1. 样本特征

样本都是学生占主体，辅助对教师的信息收集；男女比例接近 1:1，男性稍多于女性；年龄分布主要集中在 18～24 岁的大学生群体；学历层次以本科生为主，兼顾部分硕士生、博士生；专业范围包括理、工、农、医、文、史、法、管及其他专业，文科生数量稍多于理科生数量；大一学生阅读频率较低；大二、大三学生使用目的性较强；大四学生娱乐状态明显。

2. 移动设备使用情况

智能手机的拥有率已经能达到 65%～70%，移动设备在高校学生中已经普及，图书馆移动服务已经拥有了坚实的硬件基础及受众群体；90% 以上的被调查者平均每日使用移动阅读超过 1 次；60% 左右的被调查者移动阅读时间少于30 分钟；移动上网时间 1～3 个小时；近 70% 的被调查者都会在睡前选择移动阅读；移动信息阅读受欢迎的原因体现在携带方便、不受时空限制、信息分享能力、拥有自主选择空间上；移动使用的相关概念为信息、方便、娱乐；从网络使用行为来看，移动信息获取已经成为在校大学生日常生活中很必不可少的一部分。

3. 移动获取主要用途

①主要目的：查找与工作有关资源、与学习有关资源、获取生活资讯类信息、休闲娱乐。②主要操作：浏览新闻、移动交流、移动阅读、移动搜索、移动休闲、地图导航、专业资源、其他。③对图书馆移动服务的需求：移动阅读、短信通知、图书预约/续借、图书馆信息、馆藏导航（图书定位）、馆藏检索、数据库检索、信息咨询、信息反馈、图书馆位置预定、其他（阅读评论、图书推荐、图书分享、朋友定位）。

第二节　调查问卷设计

在相关移动信息用户调研基础之上，为了更好地结合本书的视域特征，笔者为此进行了相应的问卷调查工作。因为大量的前期调研已经为本书做出了一定的铺垫工作，所以本次问卷调查通过抽样访谈的方法进行了大规模发放前的调查工作。受网络调查被调查者状态难以控制因素的影响，本次问卷调查的开展以纸质调查为主，并在调查过程中辅以专业人员进行对被调查者疑问解答，因此能够保证被调查者对所调查内容的清晰理解。同时，本书在理论基础支撑部分，更多的是基于社会群体视角对图书馆移动服务的研究，因此，在调查人员范围上，有针对性地进行了聚集性人群的选择，即不选择进行多学校、多地区的调查开展。在调查问卷的设计过程中，征求了社会统计学相关教师的具体建议，问卷具有较强的专业操作性。调研题目中，主要从第三媒体、第四媒体、第五媒体的服务功能展开定位需求分析。第一、第二媒体，即报纸和广播早已实现被第四媒体（网络）的覆盖进程，因此未重复设置题目。

一、问卷设计原则

（1）通过调查问卷题头及卷首语设计，直接公开调查意图，让被调查信息用户能够直接明了所需信息内容方向。因此，本书问卷题头设计为"图书馆手机服务调查问卷"。第一，用图书馆来替代数字图书馆、移动图书馆，原因在于很多接受调查人员，并不能准确地理解出数字图书馆的定位，易造成迷茫状态；另外，本书研究主体也是以传统图书馆为主。第二，用手机图书馆代替移动信息服务，同样出于移动信息服务对被调查者来说，概念界定不清晰，容易造成迷茫状态；另外，本书所定位的移动终端也更多的是手机及其所连接的移动互联网络。

（2）通过取得被调查者的信任与支持，获得最可靠数据。因此，在卷首语的设计上使用"您好！如果手机可以实现随时、随地利用图书馆，您最渴望图书馆提供的是什么？请回答以下问题，并请期待这些功能为您而实现！"的表述，一是对手机图书馆进行解释；二是实现与被调查者的情感一致，让被调查者感受到其参与的价值；三是实现对手机图书馆的宣传，让被调查者在了解之余，有所期待。事实证明，在问卷发放与回收过程中，被调查者配合度极高，而且对手机图书馆有了更深的了解与更高的期待。

（3）问卷在保证一定题量的同时，不能占用被调查者太多时间。本次问卷调查所设计的 2 套问卷，每套题量都少于 10 道。在发放过程中，调查者在 2 套问卷回答及询问、解释的整体时间为 20～30 分钟。不会带来因为题量大，而胡乱作答的行为。

（4）为了使被调查者有清晰的逻辑关联，问卷在原一套设计基础之上，拆分成两部分：第一部分为信息资源需求部分；第二部分为信息服务需求部分。而且，问卷充分注意了各部分问题间的逻辑关系排列，能够按照"顺序效应"指导被调查者作答，难度较大的题目放在了最后面，避免了被调查者中途放弃作答的行为。

（5）在所设计问题表述上，问卷在图书馆专业术语表达的基础上，进行了大众理解性的修改，有效防止了被调查者因为不理解专业术语，而带来的调查误差问题。同时，措词浅显、明确，不带有任何评价色彩、感情倾向的词语，也不存在为了数据采集，而进行引导、暗示性的诱导性语言。

（6）最后一条原则也是最重要的一条原则，就是在问卷的设计过程中，将更多地结合三网融合所带来的新信息环境，将第三媒体、第四媒体、第五媒体的特点全面融合在图书馆移动服务过程中，尽量兼顾"图书馆"中介角色的同时，塑造"信息中介平台"，使研究更具有图书馆服务与广域信息服务相融合的范畴特性。

二、信息资源需求内容设计

1. 题目及卷首语

调查问卷：图书馆手机服务调查问卷。

卷首语：您好！如果手机可以实现随时、随地利用图书馆，您最渴望图书馆提供的是什么？请回答以下问题，并请期待这些功能为您而实现！

2. 封闭题

第一部分：信息资源需求部分。

您的身份信息：大一、大二、大三、大四、研究生、教工。

第1题　您会用手机获取哪类图书内容？可多选_____

A.小说　B.文艺　C.青春　D.励志　E.生活　F.经济　G.管理　H.地理
I.历史　J.工具书　K.考试用书　L.行业用书　M.其他

第2题　您会用手机获取哪类报纸内容？可多选_____

A.财经　B.体育　C.娱乐　D.生活　E.教育　F.法制　G.军事　H.科技
I.电脑　J.时政　K.英语　L.行业报　M.其他

第3题　您会用手机获取哪类期刊内容？可多选_____

A.财经　B.体育　C.娱乐　D.生活　E.教育　F.法制　G.军事　H.科技
I.电脑　J.时政　K.英语　L.行业期刊　M.其他

第4题　您在手机上网过程中，获取哪类信息最多？可多选_____

A.财经　B.体育　C.娱乐　D.生活　E.教育　F.法制　G.军事　H.科技

I.电脑　J.时政　K.英语　L.行业信息　M.其他

第5题　如果手机可以收看电视节目,您会选择哪类节目?可多选_____

A.电视剧　B.电影　C.综艺　D.音乐　E.动漫　F.教育　G.纪录片　H.科技　I.生活　J.旅游　K.原创　L.广告　M.其他

第6题　您认为一个图书馆是否该拥有特色资源?

A.非常重要　B.重要　C.一般　D.不需要　E.非常不需要

第7题　请将下列手机图书馆可提供的信息资源按重要性从大到小排列

A.图书　B.报纸　C.期刊　D.专题网络信息　E.电视节目　F.该图书馆特色资源　G.个性化定制信息　H.其他

3. 开放题题目内容

第8题　您对手机图书馆服务所提供的信息资源的建议:

4. 感谢语

衷心感谢您的支持,我们将努力让您的手机图书馆使用体验更加优化!

三、信息服务需求内容设计

1. 题目卷首语

调查问卷:图书馆手机服务调查问卷

卷首语:您好!如果手机可以实现随时、随地利用图书馆,您最渴望图书馆提供的是什么?请回答以下问题,并请期待这些功能为您而实现!

2. 封闭题

第二部分:信息服务需求部分。

您的身份信息:大一、大二、大三、大四、研究生、教工。

第1题　您经常使用图书馆哪些服务项目?可多选_____

A.书目查询　B.网络数据库检索　C.参考咨询　D.新书通报　E.读者信息查询　F.常见问题解答　G.数据库使用培训　H.其他

第2题　您经常使用电视传媒哪些服务项目?可多选_____

A.电视节目指南　B.电视节目预定　C.电视节目预告　D.其他

第3题　您经常利用互联网哪些服务项目?可多选_____

A.搜索引擎　B.网络导航　C.博客　D.微博　E.邮箱　F.BBS、百度贴吧　G.人人网　H.QQ 或 MSN　I.其他

第 4 题　您经常利用手机哪些服务项目？可多选_____

A.天气预报　B.新闻报　C.网页浏览　D.QQ 聊天　E.游戏　F.音频播放器　G.照相机　H.录像机　I.其他

第 5 题　实现手机图书馆后，您最希望拥有哪些服务？可多选_____

A.全覆盖信息导航　B.智能化信息检索　C.信息交流群组建　D.个性化信息定制　E.多媒体信息服务　F.其他

3. 开放题题目内容

第 6 题　您对手机图书馆服务的服务建议：

_____

4. 感谢语

衷心感谢您的支持，我们将努力让您的手机图书馆使用体验更加优化！

第三节　调查对象选择

为了确保调查结论的可靠性，在调查问卷发放过程中，选择了使用移动网络频率较高的大学生作为调查主体，为了使调查辐射范围更广，共选择了三个年级在校大学生共 450 人展开调研。实际回收有效问卷 404 份，其中大一学生占 42.08%，大二学生占 35.40%，大三学生占 22.52%。在调查样本的选择过程中，按照非概率抽样中的便利抽样方法，同样思考了专业构成对调查数据产生影响的可能性，因此调查群体由思想政治教育专业、法律专业、行政管理专业、社会工作专业、图书馆学专业、其他专业集合，五个主体专业学生组成。

一、CNNIC 数据报告导向

CNNIC 发布的第 34 次调查报告显示，截至 2014 年 6 月，我国手机网民达 5.27 亿人，网民中使用手机上网的人群占比提升至 83.4%，首次超过传统 PC，手机作为第一大上网终端设备的地位更加巩固。其中，20～29 岁年龄段网民的比例为 30.7%，在整体网民中占比最大。学生依然是中国网民中最大的群体，占比 25.1%，互联网普及率在该群体中已经处于高位。

从以上简短数据中可以得出，中国移动终端用户具有广泛的群众基础，为调查的开展提供了群体样本的保障。在整个群体中，"20～29 岁网民比例较高，学生仍然是最大群体"表述表明，在此范畴内的调研数据虽不能代表全部，但能够代表主体需求趋势。因此，本书拟定以 20～29 岁大学生群体作为调查问卷发送的主体范围。

二、调查用户年龄定位

通过个别访谈及前期相关调查结论数据显示，在大学生群体中，随着教育阶段的不同，也存在不同的移动信息获取行为，主要体现在，学历越高的学生，对于移动信息需求的专业性会越强。原因也非常清晰，一般的博士生、硕士生课业、科研压力都比较大，往往休闲的时间很少，更多的阅读空间都交给了所学专业内容。因此，在这样的情况下，移动获取的信息量往往较少，即便是有，也是关于专业知识内容的，因此对于移动服务关注度不高、使用频次不具代表性。

在大一到大四的学生中也存在不同现象。大四学生是本科生中比较特殊的一部分，受毕业季、考研季影响，大四学生中准备考研学生的情况往往接近于博硕士研究生情况，对移动信息获取数量极少；准备就业的学生，往往更多关注的是就业类信息，对于学习热情减淡，因此利用移动服务的内容相对狭窄。大一学生也存在一定的特殊性，受刚脱离高中严酷的学习氛围影响，往往对于移动终端依赖性较强，带有一定的新奇心理，对于移动服务内容摄取面比较宽泛。大二、大三学生相对类似。同时，在性别与使用差异之间的对应关系上，并不存在明显差异。

因此，本书将调查对象排除了代表性不是很明显的博士生、硕士生、大四毕业生，将主体调查范畴设定为大学一年级、二年级、三年级学生，且不关注男女性别。为避免随机发送问卷中混入非代表性人群，在调查问卷卷首也设定了该部分人群身份选项，以用于排除。

三、调查用户专业定位

本书旨在能够基于分众群体的特点，探讨具有针对性的，更适用于群体满足的图书馆移动服务模式，因此在调查过程中，有方向性地针对若干范畴进行问卷发放。受笔者知识层面影响，所能借助教育资源因素影响，为保障调查对象能够对所提出问题有清晰的理解，因此在调查过程中，笔者主要选择了思想政治教育专业、法律专业、行政管理专业、社会工作专业、图书馆学专业，作为五个分众群体进行问卷调查。在调查过程中，进行了同步的讲解过程。其他分散专业作为小众、个性数据分析。以期通过以上的分众群体数据分析，挖掘群体行为及需求，在此基础上构建相关服务模型。在以上几个专业中，又更加关注对于图书馆学专业调查数据的分析：第一，该专业具有领域专业特质，对于问卷问题把握度具有一定的专业视域；第二，与笔者研究内容贴近，有利用后续实验研究工作的开展。

第四节　数据分析与需求定位

在统计完用户选择的信息选项后，针对用户回答的评分结论进行综合研究，并依此对数据进行全面的分析，对图书馆移动服务建设提供依据和指导。①

一、信息资源需求分析及定位

对于整体统计数据显示，调研结论受专业及年级影响甚微，整体趋同性明显。在信息资源的选择上多集中于青春文学类、生活服务类、励志教育、考试辅导和英语学习等方面，在这些方面的关注度占被调查人数的近 50%，甚至部分信息资源选择率超过 50%。

1. 移动获取图书资源分析

移动获取图书资源分析，如表 4-1 所示。

表 4-1　手机获取图书统计表

项目		大一	大二	大三	总数
A.小说	数值/人	95	98	53	246
	百分比/%	38.62	93.84	21.54	100
B.文艺	数值/人	52	42	24	118
	百分比/%	44.07	35.59	20.34	100
C.青春	数值/人	67	62	30	159
	百分比/%	42.14	38.99	18.87	100
D.励志	数值/人	102	72	45	219
	百分比/%	46.58	32.88	20.55	100
E.生活	数值/人	90	75	46	211
	百分比/%	42.65	35.55	21.8	100

---

① 李菲，徐恺英，白茹玉，胥金华. 三网融合视域下图书馆移动资源需求调研及模型构建[J]. 情报理论与实践，2012，10：71-74.

续表

项目		大一	大二	大三	总数
F.经济	数值/人	50	41	24	115
	百分比/%	43.48	35.65	20.87	100
G.管理	数值/人	37	34	20	91
	百分比/%	40.66	37.36	21.98	100
H.地理	数值/人	38	19	14	71
	百分比/%	53.52	26.76	19.72	100
I.历史	数值/人	47	35	25	107
	百分比/%	43.93	32.71	23.36	100
J.工具书	数值/人	68	37	36	141
	百分比/%	48.23	26.24	25.53	100
K.考试用书	数值/人	78	46	32	156
	百分比/%	50	29.49	20.51	100
L.行业用书	数值/人	43	26	15	84
	百分比/%	51.19	30.95	17.86	100

为了使选项贴合信息用户需求，在借鉴当当网图书板块分类基础上，共设置了如下可复选选项：A.小说；B.文艺；C.青春；D.励志；E.生活；F.经济；G.管理；H.地理；I.历史；J.工具书；K.考试用书；L.行业用书。调研数据显示，关注度超过调查人数50%的选项为小说、励志、生活三类；关注度为25%～50%的选项为青春、考试用书、工具书、文艺、经济、历史六类；关注度低于25%的选项为管理、行业用书、地理三类，如图4-1所示。

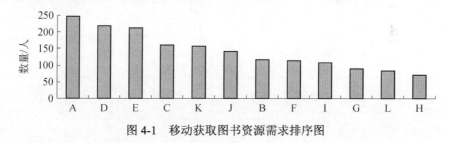

图4-1 移动获取图书资源需求排序图

2. 移动获取报刊、网络资源分析

由于报纸、期刊均属于连续出版物，在信息内容上具有相似性，加之传统报刊内容已基本实现与网络媒体同步，因此在设计报纸、期刊、网络信息资源选项上，借鉴搜狐（SOHU）、新浪（SINA）等门户网站，设计如下选项内容：A.财经；B.体育；C.娱乐；D.生活；E.教育；F.法制；G.军事；H.科技；I.电脑；J.时政；K.英语；L.行业报（行业期刊、行业信息），如表4-2～表4-4所示。

表 4-2 手机获取报纸统计表

项目		大一	大二	大三	总数
A.财经	数值/人	47	44	34	125
	百分比/%	37.6	35.2	27.2	100
B.体育	数值/人	50	34	24	108
	百分比/%	46.3	31.48	22.22	100
C.娱乐	数值/人	112	90	63	265
	百分比/%	42.264	33.962	23.774	100
D.生活	数值/人	84	82	53	219
	百分比/%	38.36	37.44	24.20	100
E.教育	数值/人	59	51	35	145
	百分比/%	40.69	35.17	24.14	100
F.法制	数值/人	48	34	29	111
	百分比/%	43.24	30.63	26.13	100
G.军事	数值/人	45	20	15	80
	百分比/%	56.25	25	18.75	100
H.科技	数值/人	33	19	16	68
	百分比/%	48.53	27.94	23.53	100
I.电脑	数值/人	33	26	21	80
	百分比/%	41.25	32.5	26.25	100
J.时政	数值/人	66	42	34	142
	百分比/%	46.48	29.58	23.94	100
K.英语	数值/人	75	52	29	156
	百分比/%	48.08	33.33	18.59	100
L.行业报	数值/人	34	24	13	71
	百分比/%	47.89	33.8	18.31	100

表 4-3 手机获取期刊统计表

项目		大一	大二	大三	总数
A.财经	数值/人	42	37	28	107
	百分比/%	39.25	34.58	26.17	100
B.体育	数值/人	49	27	24	100
	百分比/%	49	27	24	100
C.娱乐	数值/人	104	101	50	255
	百分比/%	40.78	39.61	19.61	100
D.生活	数值/人	97	86	42	225
	百分比/%	43.11	38.22	18.67	100
E.教育	数值/人	47	49	28	124
	百分比/%	37.9	39.51	22.58	100

续表

项目		大一	大二	大三	总数
F.法制	数值/人	39	45	28	112
	百分比/%	34.82	40.18	25	100
G.军事	数值/人	31	20	12	63
	百分比/%	49.206	31.746	19.048	100
H.科技	数值/人	30	19	12	61
	百分比/%	49.18	31.15	19.67	100
I.电脑	数值/人	34	31	26	91
	百分比/%	37.36	34.07	28.57	100
J.时政	数值/人	45	40	28	113
	百分比/%	39.82	35.4	24.78	100
K.英语	数值/人	64	53	18	135
	百分比/%	47.41	39.26	13.33	100
L.行业期刊	数值/人	29	17	12	58
	百分比/%	50	29.31	20.69	100

通过表 4-2、表 4-3 排序可见：报纸、期刊移动信息资源需求排在前五位的均为娱乐、生活、英语、教育、时政；其余从高到低的排序约为财经、法制、体育、电脑、军事、科技和行业报（期刊）。同比移动图书资源需求，关注度超过调查人数 50%的选项减少，仅为娱乐和生活两项。

表 4-4 手机上网信息获取统计表

项目		大一	大二	大三	总数
A.财经	数值/人	27	23	25	75
	百分比/%	36	30.67	33.33	100
B.体育	数值/人	39	16	18	73
	百分比/%	53.42	21.92	24.66	100
C.娱乐	数值/人	125	87	57	269
	百分比/%	46.47	32.34	21.19	100
D.生活	数值/人	101	77	45	223
	百分比/%	45.29	34.53	20.18	100
E.教育	数值/人	34	28	26	88
	百分比/%	38.636	31.818	29.546	100
F.法制	数值/人	35	30	33	98
	百分比/%	35.715	30.612	33.673	100
G.军事	数值/人	24	15	10	49
	百分比/%	48.98	30.61	20.41	100
H.科技	数值/人	21	18	9	48
	百分比/%	43.75	37.5	18.75	100

续表

项目		大一	大二	大三	总数
I.电脑	数值/人	19	12	18	49
	百分比/%	38.78	24.49	36.73	100
J.时政	数值/人	53	34	29	116
	百分比/%	45.69	29.31	25	100
K.英语	数值/人	33	29	23	85
	百分比/%	38.82	34.12	27.06	100
L.行业信息	数值/人	16	9	7	32
	百分比/%	50	28.125	21.875	100

移动网络信息资源需求（表4-4）与报刊需求（表4-2、表4-3）出现了较明显的不同，关注度超 50%的选项为娱乐和生活两项，位于 25%～50%的仅有时政一项，其余选项数值均低于 25%。可以分析得出，信息用户在利用移动终端使用网络信息资源过程中，具有较强的分散性，共性行为较少，更多的是个性化利用过程。对于报纸、期刊、网络各项需求排序的结果如表4-5 所示。

表 4-5　移动获取报刊资源需求数据对比表

项目	财经	体育	娱乐	生活	教育	法制	军事	科技	电脑	时政	英语	行业信息
报纸选值	125	108	265	219	145	111	80	68	80	142	156	71
报纸排序	6	8	1	2	4	7	9	12	9	5	3	11
期刊选值	107	100	255	225	124	112	63	61	91	113	135	58
期刊排序	7	8	1	2	4	6	10	11	9	5	3	12
网络选值	75	73	269	223	88	98	49	48	49	116	85	32
网络排序	7	8	1	2	5	4	9	11	9	3	6	12

3. 移动获取视频资源分析

依据优酷所提供视频分类方法，选项设置为 A.电视剧；B.电影；C.综艺；D.音乐；E.动漫；F.教育；G.纪录片；H.科技；I.生活；J.旅游；K.原创；L.广告。经数据统计，关注度超过调查人数 50%的选项为电影、音乐、综艺三项；关注度为 25%～50%的选项为电视剧、动漫、旅游三项；关注度低于 25%的选项为生活、教育、纪录片、科技、原创及广告，如表4-6 和图4-2 所示。

表 4-6　手机收看电视节目统计表

项目		大一	大二	大三	总数
A.电视剧	数值/人	78	65	41	184
	百分比/%	42.39	35.33	22.28	100
B.电影	数值/人	109	102	61	272
	百分比/%	40.07	37.5	22.43	100

续表

项目		大一	大二	大三	总数
C.综艺	数值/人	95	74	49	218
	百分比/%	43.58	33.94	22.48	100
D.音乐	数值/人	94	77	55	226
	百分比/%	41.59	34.07	24.34	100
E.动漫	数值/人	41	45	29	115
	百分比/%	35.65	39.13	25.22	100
F.教育	数值/人	41	25	20	86
	百分比/%	47.67	29.07	23.26	100
G.纪录片	数值/人	29	21	19	69
	百分比/%	42.03	30.43	27.54	100
H.科技	数值/人	21	15	12	48
	百分比/%	43.75	31.25	25	100
I.生活	数值/人	29	36	26	91
	百分比/%	31.87	39.56	28.57	100
J.旅游	数值/人	43	36	33	112
	百分比/%	38.392	32.142	29.466	100
K.原创	数值/人	15	15	18	48
	百分比/%	31.25	31.25	37.5	100
L.广告	数值/人	14	7	1	22
	百分比/%	63.64	31.82	4.54	100

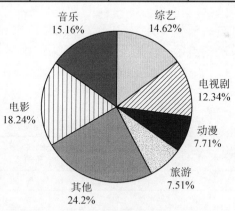

图4-2 移动获取视频资源需求比重图

4. 信息用户对图书馆特色资源建设态度分析

由于很多被调查信息用户在移动资源获取过程中，并未体验过图书馆所提供的移动信息资源。为了初步判断图书馆所提供资源的接受度，问卷设计了"您认为一个图书馆是否该拥有特色资源？"一题，选项为：A.非常重要；

B.重要；C.一般；D.不需要；E.非常不需要。数据统计显示，404份有效问卷中 60.89%的被调查者选择非常重要，22.52%的选择为重要，14.1%的选择为一般，选择不需要和非常不需要的比例分别为 1.48%和1.01%。可以分析得出，移动信息用户非常支持并渴望图书馆能够进行特色资源建设，并开展相应服务，如表4-7所示。

表4-7 图书馆是否该拥有特色资源统计表

选项 数量	A.非常重要		B.重要		C.一般		D.不需要		E.非常不需要	
	数值/ 人	百分比/ %	数值/ 人	百分比/ %	数值/ 人	百分比/ %	数值/ 人	百分比/ %	数值/ 人	百分比/ %
大一	117	47.56	39	42.86	10	17.54	3	50	1	25
大二	73	29.675	32	35.16	32	56.14	3	50	3	75
大三	56	22.765	20	21.98	15	26.32	0	0	0	0
总数	246	100	91	100	57	100	6	100	4	100

5. 移动获取各类资源重要性排序分析

为了能够准确掌握移动信息用户对各类资源的需求程度，问卷设计了七个具体选项为 A.图书；B.报纸；C.期刊；D.专题网络资源；E.电视节目；F.该馆特色资源；G.个性化定制信息；H.其他，并请被调查者进行相关排序。按照排在第 1 位选项予 7 分，第 2 位选项予 6 分……第 7 位选项予 1 分的信息分析方法，统计各项总分值为：图书 2200 分、报纸 1746 分、期刊 1676 分、专题网络资源 1622 分、视频节目 1369 分、该馆特色资源 1878 分、个性化定制资源 969 分。移动信息用户对各类资源的需求度排列顺序为图书、该馆特色资源、报纸、期刊、专题网络资源、视频节目、个性化定制信息，如表4-8所示。

表4-8 手机图书馆资源重要性排序

选项 数量	A.图书	B.报纸	C.期刊	D.专题网络 资源	E.电视节 目	F.该馆特色 资源	G.个性化定制 信息	H.其他
大一	940	739	580	583	577	779	382	0
大二	752	686	666	626	488	684	346	34
大三	508	321	432	413	304	415	241	22
总数	2200	1746	1678	1622	1369	1878	969	56

二、信息服务需求分析及定位

整体统计数据显示，调研结论受年级及专业影响甚微，整体趋同性明显。

在服务选择过程中，传统图书馆移动升级服务仍是选择主体，例如，书目查询服务、信息导航服务，选择人数超过被调查人数 50%；类似 CNNIC 报告结论，调查用户服务项目选择仍以沟通交流类为主体，超过 76.7%的被调研者使用过 QQ 聊天软件，超过 51.7%的利用手机登录人人网或百度贴吧。[①]

1. 图书馆数字服务使用情况分析

图书馆数字服务使用情况分析，如表 4-9 所示。

表 4-9　图书馆服务使用项目统计表

项目		大一	大二	大三	总数
A.书目查询	数值/人	122	88	64	274
	百分比/%	44.52	32.11	23.37	100
B.网络数据库检索	数值/人	68	52	41	161
	百分比/%	42.24	32.3	25.46	100
C.参考咨询	数值/人	66	51	36	153
	百分比/%	43.14	33.33	23.53	100.01
D.新书通报	数值/人	46	32	19	97
	百分比/%	47.42	32.99	19.59	100
E.读者信息查询	数值/人	15	31	28	74
	百分比/%	20.27	41.89	37.84	100
F.常见问题解答	数值/人	44	28	13	85
	百分比/%	51.77	32.94	15.29	100
G.数据库使用培训	数值/人	12	6	13	31
	百分比/%	38.71	19.35	41.94	100

图书馆移动服务是图书馆利用泛在媒体（移动媒体）开展相关信息服务，其内容中势必会包含一些传统服务内容，移动升级哪些传统服务内容更有意义，是题目调查重点。调查结果显示：被调查人数的 67.82%选择了 A.书目查询服务，39.85%选择了 B.网络数据库检索，37.87%选择了 C.参考咨询，24%选择了 D.新书通报，21.04%选择了 E.常见问题解答，18.32%选择了 F.读者信息查询，7.67%选择了 G.数据库使用培训，具体选项人数及排序如图 4-3 所示。

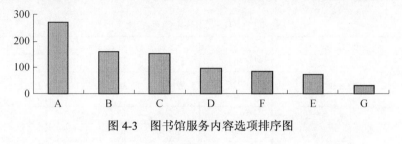

图 4-3　图书馆服务内容选项排序图

① 李菲，徐恺英. 社会心理驱动下图书馆移动服务模式研究[J]. 情报理论与实践，2015，6：19-22.

2. 视频资源服务需求分析

视频资源服务需求分析，如表4-10所示。

表4-10　电视传媒使用项目统计表

选项 数量	A.电视节目指南		B.电视节目预订		C.电视节目预告	
	数值/人	百分比/%	数值/人	百分比/%	数值/人	百分比/%
大一	78	35.455	31	27.43	73	37.245
大二	91	41.363	56	49.56	73	37.245
大三	51	23.182	26	23.01	50	25.51
总数	220	100	113	100	196	100

随着图书馆服务功能扩展，挖掘移动用户视频资源服务需求，可为图书馆视频资源服务提供方向。结合优酷网及电视传媒共设计三个视频服务选项：A.电视节目指南；B.电视节目预定；C.电视节目预告。通过数据显示，参与调研者对三项服务内容需求度均较高，220人选择指南服务、113人选择预订服务、196人选择预告服务。三项占整体比例如图4-4所示。

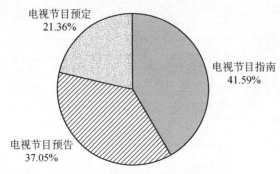

图4-4　视频服务需求比例图

3. 互联网服务使用需求分析

互联网服务使用需求分析，如表4-11所示。

表4-11　互联网服务使用统计表

项目		大一	大二	大三	总数
A.搜索引擎	数值/人	102	88	60	250
	百分比/%	40.8	35.2	24	100
B.网络导航	数值/人	60	52	39	151
	百分比/%	39.735	34.437	25.828	100
C.博客	数值/人	42	40	40	122
	百分比/%	34.426	32.786	32.788	100

项目		大一	大二	大三	总数
D.微博	数值/人	58	53	44	155
	百分比/%	37.42	34.19	28.39	100
E.邮箱	数值/人	81	57	48	186
	百分比/%	43.55	30.64	25.81	100
F.百度贴吧、BBS	数值/人	29	43	21	93
	百分比/%	31.18	46.24	22.58	100
G.人人网	数值/人	92	74	43	209
	百分比/%	44.02	35.41	20.57	100
H.MSN、QQ	数值/人	124	110	53	287
	百分比/%	43.21	38.33	18.46	100

互联网自产生起就成为服务手段最多、最受用户欢迎的媒体平台，依据新浪、搜狐所提供的服务，结合信息用户常用软件平台，问卷共设计了 A.搜索引擎；B.网络导航；C.博客；D.微博；E.邮箱；F.BBS、百度贴吧；G.人人网；H.QQ、MSN 等复选选项。统计结果显示，超过被调查人数 50% 的服务排序为 MSN 或 QQ、搜索引擎、人人网；为 25%～50% 的选项排序为邮箱、微博、网络导航、博客；低于 25% 的服务为百度贴吧或 BBS。网络资源使用排序为娱乐、生活、时政、法制、教育、英语、财经、体育、电脑、军事、科技、行业信息。可以分析得出，信息用户在使用过程中个性化趋向明显。

4. 移动媒体服务使用情况分析

移动媒体服务使用情况分析，如表 4-12 所示。

表 4-12 手机服务项目统计表

项目		大一	大二	大三	总数
A.天气预报	数值/人	78	64	58	200
	百分比/%	39	32	29	100
B.新闻报	数值/人	105	67	53	225
	百分比/%	46.67	29.78	23.55	100
C.网页浏览	数值/人	95	74	63	232
	百分比/%	40.95	31.9	27.15	100
D.QQ 聊天类	数值/人	132	11	60	203
	百分比/%	65.02	5.42	29.56	100
E.游戏	数值/人	63	46	21	130
	百分比/%	48.463	35.384	16.153	100
F.音频播放器	数值/人	93	57	33	183
	百分比/%	50.82	31.15	18.03	100

续表

项目		大一	大二	大三	总数
G.照相机	数值/人	94	69	40	203
	百分比/%	46.31	33.99	19.7	100
H.录音机	数值/人	48	33	14	95
	百分比/%	50.53	34.74	14.73	100

随着智能手机及移动网络的发展，移动终端已实现了对全媒体的服务过程，但受限于移动终端屏幕限制，移动用户在服务使用过程中仍存在选择。手机服务项目共设计：A.天气预报；B.新闻报；C.网页浏览 3 个复选选项。又针对手机自身功能需求设置音频播放功能、照相功能、录像功能、游戏功能 4 个复选选项。数据显示，移动信息用户对以上服务使用频率均较高，232 人使用过网页浏览服务、225 人使用过新闻报服务、200 人使用过天气预报服务。移动用户在对手机使用过程中，使用频率较高的项目为照相功能，超被调查人数的 50%。其余项目为音频播放功能、游戏功能及游戏功能。

5. 图书馆移动服务需求分析

为了了解图书馆所提供服务的接受度，问卷设计了图书馆移动信息服务需求调查内容。统计数据显示，移动信息用户最希望的服务项目排序为：B.智能化信息检索、A.全覆盖信息导航、E.多媒体信息服务、D.个性化信息定制（以上各项服务均超被调查人数 50%）、C.信息交流群组建。对于移动信息资源排序结果为：图书、特色馆藏、报纸、期刊、专题网络资源、视频节目、个性化定制资源。可以得出，移动信息用户对图书馆移动服务需求仍以传统服务升级为主体，对于视频、个性化定制等服务存在期待，对信息交流群组建也存在部分需求，如表 4-13 所示。

表4-13 对图书馆手机服务需求统计表

选项 数量	A.全覆盖 信息导航		B.智能化 信息检索		C.信息交流 群组建		D.个性化 信息定制		E.多媒体 信息服务	
	数值/ 人	百分比/ %	数值/ 人	百分比/ %	数值/ 人	百分比/ %	数值/ 人	百分比/ %	数值/ 人	百分比/ %
大一	103	43.83	115	44.923	65	35.52	88	38.26	95	40.77
大二	80	34.04	86	33.593	70	38.25	89	38.7	84	36.05
大三	52	22.13	55	21.484	48	26.23	53	23.04	54	23.18
总数	235	100	256	100	183	100	230	100	233	100

第五节　本章小结

　　为了更好地了解图书馆移动信息用户需求，本章首先进行了对前期相关调查及结论的分析研究，得出在样本特征、移动设备使用情况、移动获取主要用途的内容分析等方面存在着共同的相似性特征。在共性特征作为调查数据基础之上，本章设计了图书馆移动信息用户需求的调查问卷。问卷共包括信息资源需求及信息服务需求两个与信息用户相关的主要层面。在问卷设计过程中，除问卷设计的基本原则外，更多地考量了将第三媒体、第四媒体、第五媒体的特点全面地融合在图书馆移动服务过程中，尽量兼顾"图书馆"中介角色的同时，塑造"信息中介平台"，使研究更具有图书馆服务与广域信息服务相融合的范畴特性。同时，在合理确定调查对象范畴后，本章进行了450人的覆盖五个专业分众群体的问卷调查，对调查数据进行了统计分析。最终进行了图书馆移动信息资源需求、信息服务需求的分析及具体定位。

第三部分

图书馆系统内移动服务模式构建及实验

第五章

图书馆移动服务主体模式构建

在第三章中，前期研究从图书馆移动服务内涵与机制维度层面探讨了数字信息资源、信息服务、信息技术这三驾马车对信息用户的图书馆移动服务满意体验的影响机理。本章以之前研究结论为基础，拟从信息资源、信息服务、信息技术三个维度视角建立图书馆移动服务主体模式并进行模式解析。Moghaddam 指出高质量的信息资源既要满足用户需要，又要符合客观实际[①]。因此，本章以前期信息用户需求的数据作为基础进行分析，在信息资源模式构建、信息服务模式构建时也会尽可能考虑图书馆移动服务的现实基础，从而在提供数字资源服务时尽力满足信息用户的期望，提供给用户满意的体验。[②] 本章最后介绍了 SMS、WAP、客户端软件、微信四种主流技术模式及相关服务内容。

第一节　用户需求导向的信息资源建设模式

卢宏的《近五次我国全国国民阅读调查综述》[③]一文显示，图书阅读率平稳上升，数字化阅读接触率上升迅速，报纸阅读尽管曾有下降趋势，但仍是

---

① Moghaddam G G, Moballeghi M. Total quality management in library and information sectors[J]. The Electronic Library, 2008, 26(6): 912-922.

② 李菲，徐恺英，白茹玉，胥金华. 三网融合视域下图书馆移动资源需求调研及模型构建[J]. 情报理论与实践，2012, 10: 71-74.

③ 卢宏. 近五次我国全国国民阅读调查综述[J]. 图书情报知识，2014, 01: 71-82.

阅读率最高的文字媒体，数字化阅读极有可能成为未来主流阅读方式。同时，从年龄角度看，18～29岁年轻群体对阅读重要性的认知要显著高于其他年龄段的群体，人均每天手机阅读的接触时长呈现连续增长趋势。在各媒介阅读时长上显示，排在前五名的分别是电视、网络、报纸、手机、图书。网民上网从事的相关活动显示，从事与阅读相关活动的占97.9%、阅读新闻的占70.8%、网上聊天/交友的占66.1%、在线听歌/下载歌曲和电影的占52.6%、查询各类信息的占46.7%、阅读网络书籍、报刊的占17.6%。

在图书馆移动信息资源建设过程中，可仿照数字图书馆信息资源建设的方式，选择馆藏资源数字化、网络信息资源下载、电子资源采购三个主要方式。在信息资源建设过程中，要考虑信息用户的使用需求、高成本及有限资金间的矛盾、信息保存的困难、知识产权的问题、社会要素的思考、文档规范化、图书馆信誉等要素。通过文献阅读及问卷调查，可以分析出移动信息用户对于专业信息资源需求度往往比较低，以青春文学、生活服务、励志教育、考试辅导和英语学习等方面资源使用为主体，同时，图书馆特色资源建设也被认可为非常重要的内容。结合调研中相关排序数据及图书馆移动服务资源建设原则，构建图书馆移动信息资源建设模型，如图5-1所示。

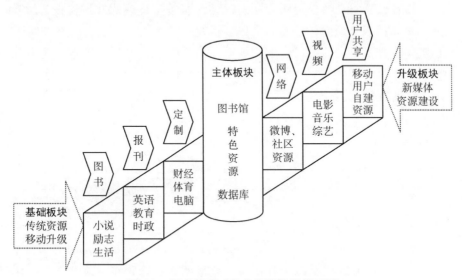

图5-1　图书馆移动信息资源建设模型图

一、特色资源数据库板块

特色是事物所表现的独特风格，是事物间区别的特征。图书馆在移动信息资源建设过程中，也应体现出独特的信息资源内容，这样不但避免了图书馆建设资源库被同类资源库覆盖的可能，而且提升了图书馆移动服务的价值。数字信息资源环境下，可拥有的特色主要为学科特色，即对某些学科、专业的数字化资源形成完整系统的收藏，科研图书馆和高校图书馆宜采用这种模式；专题特色，即围绕某些专题（事物、问题、人物等）较为完整系统的收藏，建立人无我有的特藏资源；地方特色，即根据图书馆所在地区的地理、历史、经济和文化特点，将与地区有关的信息资源完整入藏，公共图书馆或拥有地方特色资源的图书馆宜采用这种模式来实现特色信息资源库建设。[①]

二、传统资源升级板块

1. 图书板块

通过对移动信息用户资源需求度排序统计结果显示，移动获取图书资源为需求度最高项目。在对图书资源需求种类排序过程中，排在前三位的图书类型为小说、励志、生活类，与传统图书馆文献需求量整体一致。因此，图书馆在移动图书信息资源建设过程中，应充分考虑信息用户需求，将小说、励志、生活类资源建设放在首要位置。

2. 报刊板块

虽然移动信息用户对报刊需求度低于图书需求，但仍是信息用户在移动信息资源获取过程中的重要内容。在构建此部分过程中，结合报刊资源需求调研排序中前五位类型进行适度调整，建设主体设计为英语、教育、时政三类。图书馆在满足信息用户需求的同时，也要考虑自身的社会定位及文化传承功能，因此，对于移动信息用户需求最高的娱乐资源不予建设。

3. 个性化定制板块

个性化定制是图书馆在满足信息用户个性化需求的基础上而开展的相关服务。受个性化多样的特点，此项服务注定不会是一种泛化服务。调研的结果也证明了以上推断，在移动信息用户需求过程中，个性化定制的信息成为需求度最低的资源内容。图书馆移动信息服务建设过程中，除主体部分与大众需求高度一致之外，仍需兼顾小众需求，尤其是专深化的高端需求、能够体现图书馆服务深度的需求。因此，在传统资源移动升级板块中，将个性化

---

① 肖希明. 信息资源建设[M]. 武汉：武汉大学出版社，2008：62-64.

定制资源内容设置成该部分的顶端资源。

三、新媒体资源建设板块

新媒体资源建设板块的构建，主要结合了媒体融合所带来的全媒体融合形态，将网络媒体及电视媒体作为资源建设的重要组成部分。同时又思考了随着信息用户在信息资源建设过程中参与能力递增的现状，将移动用户共享信息资源作为该部分的顶端建设内容。

1. 专题网络信息板块

支撑网络信息资源板块建设的数据主要有两个方面：一是移动信息用户调研数据中网络信息需求度的排序结果；二是 CNNIC 报告中信息资源类型使用频次排列结果。以上两部分取交集的项目为新闻、文学、社区网站、微博、视频五项。其中，新闻及文学两项在传统图书馆资源升级板块中已作为重要内容，视频资源已划分到下一板块，因此以微博和社区网站信息资源建设为专题网络信息板块的主要内容。

2. 视频资源板块

虽然现阶段受限于移动接收终端屏幕限制，视频利用率相较其他类型资源偏低，但调研数据也显示出，移动信息用户均对视频资源给予了一定关注度。在三网融合的趋势下，视频资源建设应成为图书馆移动信息资源建设的组成部分。依托调研数据中移动信息用户需求度，在此板块的构建中，主要以电影、音乐、综艺三部分为主体。

3. 用户共享板块

资源的无限扩大，也无法满足信息用户的全部需求。图书馆移动信息资源建设的初级阶段一定是大众化需求的满足，无法兼顾小众需求及个性化需求。在这样的情况下，图书馆完全可以调动移动信息用户的参与热情，变信息接收者同时为信息建设者，实现信息资源在信息用户之间的共享和传播。与此同时，图书馆也应做好相应的管理和控制工作。

第二节　社会心理驱动型信息服务建设模式

在图书情报领域进行移动服务研究之初，就对移动服务内容进行了全面的展开。[①] 其中，一部分是来自传统服务内容的移动升级，例如，图书催还、新书通报、预约及到书提醒服务、馆务信息通知、挂失书证、用户注册、个人借阅状态查询、移动续借、馆藏资源查询、信息咨询、书刊推荐、借阅排行榜、购书请求、讲座展览信息、意见提出（表扬与投诉）、个性化定制、全文传递、读者论坛、图书馆 SNS 社区、微博、微信、数据库检索、预约自修室、移动在线讲座课程等。另一部分是超越了传统图书馆服务内容的新型服务，例如，根据移动终端位置所开展的旅游及展览、查找最近图书馆线路、条码扫描查找、馆内漫游导航、微博分享、APP 电子书、"摇一摇"图书推荐等。以上这些服务内容，虽有些是创新服务，但范围仍将图书馆作为中心点，局限于"图书馆"视域；同时，这些服务仍是被动等待型服务，服务主动性、嵌入性不强。因此，本节在全媒体、三网融合视域下，更多超越图书馆中心基础范畴，研究广域信息的服务内容。为了更好地让移动服务符合信息用户的需求，主动嵌入用户需求，因此借鉴社会心理模式，提出基于纽科姆社会心理模式（Newcomb's A-B-X Model）的社会心理驱动下的图书馆移动服务模式。

社会心理模式的提出是社会学家和心理学家共同努力的结果，在认为人类是社会的人、遵从共同的大众文化标准及形式的基础上，提出了人们的行为更遵从于周围次文化以密切接触的群体的特定标准。即人们的需求和行为都要受到社会群体的压力和影响，以至于处于同一社会阶层的人们有着许多惊人的相似之处。这种相似性能较好地实现群体中的心理驱动，提升所传递内容的接受度。美国社会心理学家纽科姆，在社会心理学家海德早期传播理论基础上，于1953年提出经典的纽科姆社会心理模式，该模式结论显示，人们对于与自己意向或立场相一致的信息源，愿意付出更多的注意力，对于加强"受传者"现存观点、态度和行为的信息，将会得到更好的接收效果。

一、社会心理驱动的意义

基于纽科姆社会心理模式原理，对于图书馆移动服务来说，信息服务的效果将是三方要素、四种意向共同作用效果的综合。第一方要素是信息传播方——图书馆移动服务主体；第二方要素是信息接收方——信息用户；第三方要素是 X 类信息。四种意向为图书馆移动服务对所传播信息的态度、对传播对象信息用户的态度、信息用户对所传播信息的态度、对图书馆移动服务主体的态度。作为图书馆移动服务主体来说，在信息服务的过程中，为了获得 B

---

① 李菲，徐恺英. 社会心理驱动下图书馆移动服务模式研究[J]. 情报理论与实践，2015，6：34-48.

对 A 的意向提升，即实现信息用户对图书馆认可度的提升，则需要更好地树立自身形象，向特定的信息用户人群传播特定的信息内容，以此提升信息服务的效率及满意度。具体有两方面的意义：

1. 提升信息用户对图书馆移动服务的满意度

在纽科姆社会心理模式中将施传者与受传者之间的意向关系作为保障信息传播效果的重要因素。那么，在图书馆移动服务过程中，如果能准确地掌握信息用户对图书馆移动服务的意向趋势，则能更好地提升信息服务的满意度。图书馆可以利用统计数据，将信息用户使用频度进行区分，划分出信息用户对图书馆类信息服务的意向态度趋势，根据趋势的高低进行有针对性的分众服务，从而提升信息用户的满意度。

2. 提升信息用户对图书馆移动服务提供信息的满意度

在纽科姆社会心理模式中将所传递信息内容与受传者之间的意向关系也作为保障信息传播效果的重要因素。那么在图书馆移动服务过程中，如果能准确地掌握信息用户的信息需求，提供其接受度最高的信息内容，则能更好地提升信息服务的满意度。图书馆可将信息用户对信息服务的内容需求频度进行区分，划分出不同类型群体的高、中、低频度的信息内容意向，根据分析结论进行有针对性的服务提供，从而满足不同需求的信息服务群体的特殊要求，提升满意度。

二、社会心理驱动下图书馆移动服务模式

1. 人群的圈定

基于纽科姆社会心理模式，可以按意向度的高低将信息用户划分为三类：高意向人群、一般意向人群、"潜在"意向（低意向）人群。这三类人群的特点主要表现为对图书馆所提供服务的使用频度的数量差别。本书的立足假设为，因为信息用户信任图书馆（意向状态良好），所以才会使用，那么其使用频次越高，则证明其意向状态越良好。高意向人群中所体现出的特质是，他们对图书馆提供的服务掌握得比较全面，能够完全结合自己的需求进行服务获取，且对图书馆移动服务主动传播的信息内容不反感，愿意进行各类信息的接收。一般意向人群体现出对图书馆的服务提供依赖度不明显，在信息服务获取过程中，也可以依靠图书馆外的其他途径获取，对图书馆移动服务主动传播的信息内容会存在一定的反感，但对部分信息仍然感兴趣。"潜在"意

向人群对图书馆服务提供的依赖度极低，但仍存在对信息服务的需求，若能提供其所需信息服务及内容，则可以使其向其他类型人群升级转化。

2. 服务内容的设计

传统服务是绝大多数图书馆不能回避的服务，在图书馆移动服务过程中，信息查询、到期提醒也成了图书馆移动服务的主体。但在社会心理模式的指导下，结合抽样调查数据，笔者认为，该项服务仅仅适用于高意向人群；对于一般意向人群，需要结合其群体对信息服务获取的频度高低，呈现其需求的信息服务模块，如个性化推荐、个性化空间等。同时，为了加速其向高意向群体转化，可以投入更多精力在定制服务上；定制服务满足个性化需求的可能性较高，因此也适用于"潜在"意向人群，在其满意度逐渐提升的过程中，渐渐实现向其他需求群体升级。

结合之前的调查结论，如表 5-1 所示。其中：①检索模块，包括书目查询、网络数据库检索、读者信息查询、常见问题解答、搜索引擎等服务内容。②全媒导航模块，包括电视节目指南、电视节目预定、电视节目预告、网络导航等服务内容。③学科服务模块，包括参考咨询、新书通报、数据库使用培训等服务内容。④个性化推荐模块，包括博客、微博、百度贴吧、BBS、人人网等服务项目。⑤多媒体推送模块，天气预报、新闻报、移动知识数据等服务项目。⑥个性化空间模块，包括 E-mail、MSN、QQ 及信息用户个性化使用等服务项目。综上所述，所构建模型如图 5-2 所示。

表 5-1　服务项目简表

服务模块	服务项目
检索模块	书目查询、网络数据库检索、读者信息查询、常见问题解答、搜索引擎、电视节目检索
全媒导航模块	电视节目指南、电视节目预定、电视节目预告、网络导航、手机报指南、图书馆导航、图书馆内资源导航
学科服务模块	参考咨询、新书通报、数据库使用培训等服务 学科性的电视、网络、手机资源
个性化推荐模块	博客、微博、百度贴吧、BBS、人人网 根据用户特性的推荐内容及软件
多媒体推送模块	天气预报、新闻报、移动知识数据等服务项目 移动知识学习服务
个性化空间模块	E-mail、MSN、QQ 及信息用户个性化使用等服务项目 个性建设资源、个性化定制服务

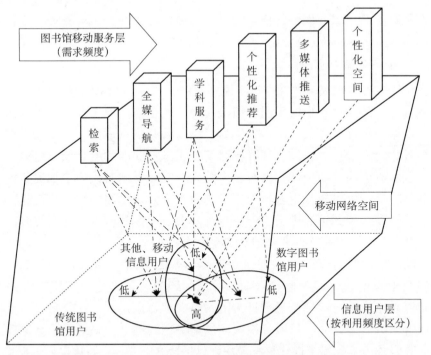

图 5-2　社会心理模式驱动下图书馆移动服务模式图

三、图书馆移动服务社会心理驱动流程

　　基于纽科姆社会心理模式的三要素、四意向分析理论，图书馆移动服务将要对信息用户进行心理接受度的两次驱动过程。①第一次驱动，首先需要进行信息用户群体对"图书馆意向"的黏度区分。即通过信息用户对图书馆移动服务或类似服务的使用频度，可以初步判断信息用户对图书馆服务的依赖程度及意向态度。通过区分，划分出不同意向频度的信息用户群体，根据群体的群心理特征，实现针对性心理驱动过程，从而全面提升信息用户群对图书馆的意向值。②第二次驱动是在第一步群体心理特征分众基础上进行的。在每一个分众群体中，结合图书馆所提供的各种信息服务，区分出信息用户对"图书馆信息服务意向"的黏度区分。即通过对分众群体内的各项具体信息服务的使用频度、满意频度的统计，判断出信息服务的满意程度，并根据区分结果、群体的心理特征进行有针对性的心理驱动，并通过提供针对性、满意度高的信息服务，实现信息用户群体对图书馆信息服务的意向值。具体驱动操作流程如图 5-3 所示。

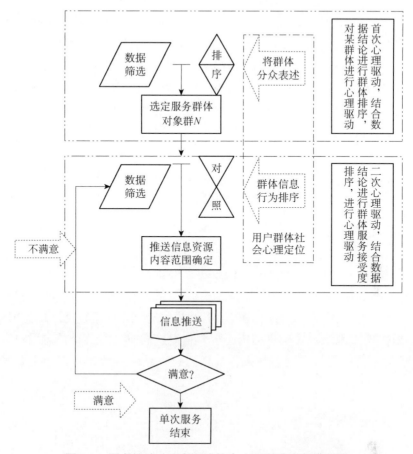

图 5-3　图书馆移动服务两次社会心理驱动流程模型图

第三节　信息技术模式

目前，主流的支撑技术主要包括 SMS、WAP、客户端软件、微信公众平台四种模式。①SMS 模式的特点主要是服务门槛比较低，只要具有移动终端就能展开相应服务，而且信息用户的接收度比较高，能够及时、快捷、针对性极强地发送给指定信息用户；但其格式相对简单、数据量有限，对于复杂的数据格式难以展开服务，且存在一定的资费需求，是短信服务必须要克服的困难。②WAP 模式，服务展开相对方便，与登录互联网操作一样，目前绝大多数智能移动终端都能进行相关服务的开展，且 WAP 网站系统结构灵活、协议开放，实现方式多样，可以提供比短信服务更为丰富且更强大的功能。[①] ③客户端软件模式，相较 WAP 模式使用更加灵活，可以利用手机的各功能特性，在没有网络连接的情况下都可在支持平台上运行执行全部或部分操作功能。最有优势的地方是，作为应用程序的智能手机客户端，能够实现在各网络位置，方便使用者下载、安装，其程序的运行可以部分依赖甚至完全不依赖后台信息服务器的支持，可以满足信息用户的即时移动性能和较低的通信成本。[②] 随着信息技术的不断升级，云计算、网格技术、流媒体技术、射频身份识别、蓝牙、P2P、SOA、人工智能、WiMax、WiBro、IPv6 等技术的加入，图书馆移动服务将带来更多的新型服务体验。[③] ④微信公众平台，信息用户群体较多，服务成本相对比较低。

一、SMS 模式

短信息服务（Short Message Service，SMS）是电信运营商提供的短信服务。短信息的最大缺点体现在，以 Unicode 系统为例，短信仅能够容纳 140 字节，中文文字字符仅可容纳 70 个。其数据量有限，仅适宜文字信息的传输。SMS 短信群发系统，短信息应用于群发信息，同时向几百个信息用户发送消息。短信平台的架构主要包括硬件、信息管理系统、数据库三个主要模块，如图 5-4 所示。

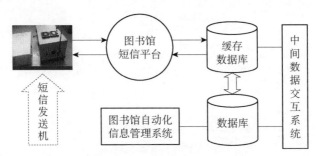

图 5-4　短信平台底层架构设计图

二、WAP 模式

1. WAP

无线应用通信协议（Wireless Application Protocal，WAP）是一个全球性

①　鄢小燕，李名洋. 国内图书馆手机移动信息服务现状研究[J]. 图书馆学研究，2010，02：63-67.

②　朱雯晶，张磊，王晔斌，赵亮. 图书馆手机客户端的探索实践[J]. 现代图书情报技术，2011，05：13-19.

③　刘小景. 泛在图书馆理念下的图书馆移动信息服务研究[J]. 图书与情报，2011，04：72-74.

的网络通信协议。它使移动互联网有了通行的主流标准，目的是连接互联网的丰富信息和先进的业务到移动电话和其他无线终端之上。WAP 定义了通用平台，把网络上 HTML 格式的信息转换成 WML 描述的信息，显示在移动接收终端的屏幕上。WAP 手机和 WAP 代理服务器只需要支持，并且不需要现有的移动通信网络协议进行任何更改，因此可以广泛应用于 GSM、CDMA、TDMA、3G 和其他网络。①

2. 架构设计

WAP 平台的架构主要包括信息管理系统、数据库两个主要模块，如图 5-5 所示。

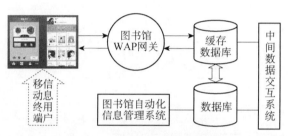

图 5-5　WAP 平台架构设计图

三、客户端软件模式

1. 客户端软件

客户端软件是针对手机等移动接收终端，移动连接到互联网的业务、无线网卡业务，而开发的应用程序服务。客户端软件的优势如下：①用户客户端使用频率增长速度快、用户群体量大；②可融合 LBS、QR、AR 等新信息技术，能够带给信息用户前所未有的体验；③基于手机等移动终端的随时性、随身性、互动性等特点，容易进行信息分享和传播，能够实现扩张式增长；④客户端软件开发成本，相比传统营销手段成本会更低；⑤能够结合信息用户行为习惯，实现精准定位目标信息用户群体；⑥信息用户手机等移动终端安装客户端软件以后，即埋下一颗种子，实现客户端主体与用户保持可持续联系。②

2. 架构设计

客户端软件架构设计十分重要，良好的架构能够降低程序运行中因各原

---

① 百度百科. WAP[EB/OL]. http: //baike.baidu.com/link?url=q1v1yJjL6MJwHEv0KFOwrbcwlFI-i4aMfO7vtS8e-VMikkhhCET2BAiroBLIoqtgcpYXOq8aEYcJup6yOoEcEN-J_xv3amd4gfSoBQSwjX3zEak5RNC1xJ00tUjwdOzKqdPjTd6Je0VWYGXDfKfA6a[2015-01-23].

② 好搜百科. 移动 APP[EB/OL]. http: //baike.haosou.com/doc/7058037.html[2015-01-24].

因而导致的问题，业务逻辑设计清晰与否也会影响相应的速度和效率，并在发生异常时有助于快速定位和判断原因。图 5-6 是 Android 系统平台架构图，其应用程序运行在独立虚拟机上，通过调用核心库即可完成大部分功能。[1]

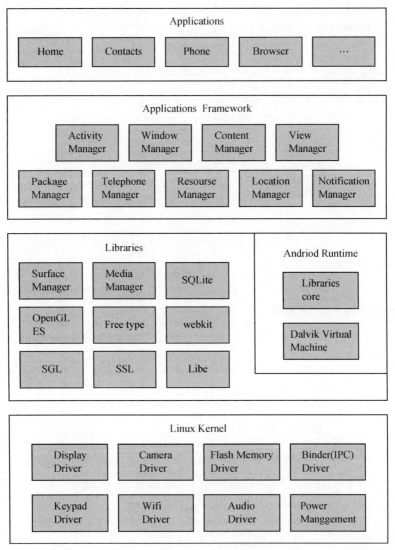

图 5-6　Android 系统平台架构图[2]

---

① 朱雯晶，张磊，王晔斌，赵亮. 图书馆手机客户端的探索实践[J]. 现代图书情报技术，2011，05：13-19；好搜百科. 移动 APP[EB/OL]. http：//baike.haosou.com/doc/7058037.html[2015-01-24].
② File：Diagram Android.png[EB/OL]. http：//en.wikipedia.org/wiki/File：Diagram_android.pngfilelinks [2009-03-23].

3. 技术应用发展

目前，客户端软件服务逐渐整合二维码（2-dimensional bar code）、简易信息聚合（Really Simple Syndication, RSS）、基于位置服务（LBS）、增强实境（AR）等移动应用技术，将为信息用户创造全新的信息服务体验。[①]

（1）二维条码/二维码是用某种特定的几何图形按一定规律在平面（二维方向）上分布的黑白相间的图形记录数据符号信息的；在代码编制上巧妙地利用构成计算机内部逻辑基础的"0""1"比特流的概念，使用若干个与二进制相对应的几何形体来表示文字数值信息，通过图像输入设备或光电扫描设备自动识读以实现信息自动处理。它具有条码技术的一些共性：每种码制有其特定的字符集；每个字符占有一定的宽度；具有一定的校验功能等。同时，它还具有对不同行的信息自动识别功能及处理图形旋转变化等特点。[②]

（2）简易信息聚合（也叫聚合内容），是一种在互联网上被广泛采用的内容包装和投递协议。RSS 是一种描述和同步网站内容的格式，是使用最广泛的 XML 应用。RSS 搭建了信息迅速传播的一个技术平台，使得每个人都成为潜在的信息提供者。发布一个 RSS 文件后，这个 RSS Feed 中包含的信息就能直接被其他站点调用，而且由于这些数据都是标准的 XML 格式，所以也能在其他的终端和服务中使用，是一种描述和同步网站内容的格式。RSS 可以是以下三个解释的其中一个：真正简易聚合（Really Simple Syndication）；基于 RDF 站点摘要（RDF Site Summary）；丰富站点摘要（Rich Site Summary）。但其实这三个解释都是指同一种 Syndication 的技术。RSS 目前广泛用于网上新闻频道、博客和维基，主要的版本有 0.91，1.0，2.0。使用 RSS 订阅能更快地获取信息，网站提供 RSS 输出，有利于让用户获取网站内容的最新更新。网络用户可以在客户端借助于支持 RSS 的聚合工具软件，在不打开网站内容页面的情况下阅读支持 RSS 输出的网站内容。[③]

（3）基于位置的服务是通过电信移动运营商的无线电通讯网络（如 GSM 网、CDMA 网）或外部定位方式（如 GPS）获取移动终端用户的位置信息（地理坐标或大地坐标），在地理信息系统（Geographic Information System，GIS）平台的支持下，为用户提供相应服务的一种增值业务。基于位置的服务是指通过电信移动运营商的无线电通信网络或外部定位方式，获取移动终端用户

---

① 施国洪，夏前龙. 移动图书馆研究回顾与展望[J]. 中国图书馆学报，2014，02：78-91.
② 中国物联网. 二维码的概念与分类[EB/OL]. http://www.netofthings.cn/ErWeiMa/2013-11/106.html [2013-11-29].
③ 易晓阳. RSS：含义、本征与应用[J]. 图书馆学研究，2006，（8）：69-72.

的位置信息，在 GIS 平台的支持下，为用户提供相应服务的一种增值业务。它包括两层含义：首先是确定移动设备或用户所在的地理位置；其次是提供与位置相关的各类信息服务。其意指与定位相关的各类服务系统，简称"定位服务"，也称为"移动定位服务"系统（Mobile Position Services，MPS）。[①]

（4）增强现实（Augmented Reality，AR）是利用计算机生成一种逼真的视、听、力、触和动等感觉的虚拟环境，通过各种传感设备使用户"沉浸"到该环境中，实现用户和环境直接进行自然交互。增强现实是一种全新的人机交互技术，利用这种技术，可以模拟真实的现场景观，它是以交互性和构想为基本特征的计算机高级人机界面。使用者不仅能够通过虚拟现实系统感受到在客观物理世界中所经历的"身临其境"的逼真性，而且能够突破空间、时间以及其他客观限制，感受到在真实世界中无法亲身经历的体验。"Augmented Reality"（中文译为"增强实境"）一词近来在网上出现得越来越多，"Augmented Reality"可以算是"Virtual Reality"（虚拟实境）当中的一支，不过略为不同的是"Virtual Reality"是创造一个全新的虚拟世界出来，而"Augmented Reality"则是强调"虚实结合"[②]。

四、微信公众平台模式

1. 微信

微信是一种新型的生活方式。据腾讯微信官方平台信息统计，目前国内已经有超过三亿人次正在使用微信的手机应用程序。微信不但支持发送文字型短信、视频和图片，其最大的特点是支持语音短信的接收和发送操作。在此基础上能够便捷地实现多群体间的同步互动型群聊操作。微信手机应用程序基本上能够在大部分的智能手机实现下载及应用。2014 年 10 月 1 日，微信 6.0 正式上线。

2. 微信公众平台

微信公众平台（WeChat Public Platform）是 2012 年腾讯公司推出的服务项目，主要有信息推送、信息（品牌）传播、信息分享等基础作用。微信公众平台主要功能定位在信息群发及推送、信息自动回复及二维码信息订阅等相关功能上。微信公众平台给予了更多组织和个人作为信息发布者的权利，促进了自媒体活动的繁荣，实现了信息的自组织及自传播过程。

---

① 百度百科. LBS[EB/OL]. http：//baike.baidu.com/subview/152851/5072513.htm[2015-01-24].
② 百度百科. AR 技术[EB/OL]. http：//baike.baidu.com/view/4993017.htm[2015-01-24].

同时，受其传播过程中共享能力的增强，人与人之间的社会关系所形成的关系在微信平台信息传播中愈发明显，朋友圈中所形成的共享模式，就是最明显的体现。

微信公众平台共分三类账号类型：其一为公众平台服务账号，旨在为用户提供相关服务，特点为 1 个自然月内可以实现发送 4 条群发信息操作；其二为公众平台订阅账号，旨在为用户提供相关信息，其特点为每24 小时内可以实现 1 条群发信息的发送操作；其三为公众平台企业账号，仅对组织提供相关服务操作。

第四节　本 章 小 结

本章在图书馆移动服务内涵与机制对于图书馆移动服务机制中要素分析基础之上，从信息资源、信息服务、信息技术三个维度构建了图书馆移动服务主体模式。其中，在信息资源模式构建过程中，借鉴《近五次我国全国国民调查阅读综述》及前期问卷调查数据结论，分析了图书馆移动服务信息资源建设的方式及建设原则，并构建了图书馆移动服务信息资源建设模式图。该模式中包含特色资源数据库板块、传统资源升级板块、新媒体资源建设板块三个部分。通过该模式的构建，能够较好地实现在图书馆移动服务的资源建设在保持图书馆优势的同时，也能媒合移动信息用户的资源需求；在信息服务模式构建过程中，首先基于文献调查结论，对国内外文献中所出现的图书馆移动服务内容进行了介绍。在此基础上，本章分析了已有服务的局限，即研究视域更多地体现了图书馆中心，而未进行广域的信息中心探索。服务仍是被动的，未能实现主动嵌入。因此，本节结合社会心理模式，特别是其中的纽科姆社会心理模式，探讨了社会心理驱动的意义，并在此基础上构建了社会心理驱动下的图书馆移动服务模式，介绍了该模式下的图书馆移动服务社会心理的驱动流程。在信息技术服务模式介绍过程中，受笔者信息技术研究弱势影响，更多的是基于现有移动信息服务技术而展开，主要包括SMS、WAP、客户端软件、微信公众平台四种主流模式。其中，SMS 服务受其接受度较高，主动性较强，适宜针对指定信息用户的推送信息服务，如超期提醒服务、信息定制推送服务等。WAP 模式是移动终端版的网页服务，实质是将 Internet 网页上的 HTML 信息转换成 WML 描述，显示在移动电话的显示屏幕上。该服务模式可承接图书馆网页服务项目进行 WAP 服务。客户端软件服务模式创新性比较强，且可以整合 LBS、QR、AR、RSS 等新型技术，且容易和微博、SNS 等方式进行分享和传播，更利用移动信息用户的分享使用。

第六章

主体移动服务模式效用实验
——以移动知识学习推送服务为例

在本书所构建的图书馆移动服务模式中，有一些内容是对于传统图书馆服务的一种移动升级过程，例如，OPAC 书目查询类，其应用的效果与传统 PC 及互联网查询差别并不明显，并不需要进一步进行操作验证。而模型中所构建的含有信息用户需求为导向的、具有对信息用户心理驱动能力的、能通过嵌入信息用户需求，从而更好满足信息用户需求的服务应用类项目是否具有价值及能力，则需要通过实验进行具体验证操作。因此，本实验内容主体基于现有移动服务技术选择基础上，针对所构建的系统内信息服务（包含其支撑服务的信息资源）进行实验。

依据国内最大的独立第三方数据服务提供商北京腾云天下科技有限公司（TalkingData）于 2015 年 1 月 21 日发布《2014 移动互联网数据报告》显示：2014 年，我国移动智能终端用户规模达 10.6 亿，较 2013 年增长 231.7%，增速远超全球同期市场。据大数据分析获知：八〇后中青年是移动网民的主力军，九〇后青少年也逐渐成为新生力量。在对各类移动应用进行整体盘点后，发现移动即时通信依然是网民的首选。现在，移动互联网已经渡过了需求集中于通信与社交方面的"萌芽期"和以购物与娱乐为代表的"初步发展期"，而迈入到"高速发展期"，这一时期，出行、医疗、教育、餐饮等与生活密切相关的细分领域应用纷纷涌现。① 顺应信息用户及移动互联网发展趋势，与

---

① TalkingData. 2014 移动互联网数据报告[R]. 2014.

图书馆密切相关的则为与教育相关的知识服务内容。因此，实验内容进一步细分在所构建服务模式中的学科服务、个性化推荐与多媒体推送三个板块。

随着时代的更迭，保存信息资源不仅仅是图书馆唯一的使命，文化知识传承、促进人类知识智慧的发展、开展知识教育服务，更是新时代背景下图书馆责无旁贷的使命与动力源泉。随着信息技术的不断进步，图书馆的信息服务模式必然要适应信息用户的需求而随之相应改变，体现在向服务更加主动、更便于信息用户的接收与利用的服务转型上。移动信息服务受其传播范围比较广泛、受众接受度比较高、共享可行性相对强等优点，必将成为图书馆进行信息服务、文化知识传承的重要模式。结合以上分析，因此最终结合学科服务、个性化推荐、多媒体推送三个板块的内容，将实验主体内容确定为图书馆移动知识推送服务实验。

本章将通过对实验目的及实验验证基点的介绍，结合之前章节所研究主体内容，设计图书馆移动知识服务实验模型。通过对该模型中各板块内容的可行性选择，进行图书馆移动知识推送实验。以期通过实验对所构建模式的可操作性、信息用户接受度、信息用户满意度、构建模式的价值进行检验，完善前期研究的不足。在实验中，将移动学习理论方法作为思想引领，通过近半年的推送实验，得出相关调查结论及建议，以期对开展相关服务的图书馆及其他组织机构具有一定的借鉴作用。该实验内容虽然为所构建模型中众多服务项目中的一类，但其代表性明显。其一，其实验要素包含了用户需求导向、对信息用户的心理驱动过程等本书的核心创新内容；其二，实现了嵌入式的、个性化的、知识定制及推送服务的实验操作。本书所构建的服务模式中，该服务是所构建模式中最顶端的、操作难度最大的、对核心内容最具代表性的服务。因此，该实验内容的实验结论，对所构建模式的其他服务内容部分具有一定的代表能力。

第一节 实 验 目 标

知识是推动社会发展、人类进步的最核心要素，文献传承的内核仍是知识传承。笔者在理论构建基础上，设计了图书馆移动服务模型。该模型在技术基础平台上媒合了移动技术及移动网络对传统网络的升级过程；在资源平台上，媒合三网融合的全媒体资源共融视域下的信息用户需求调查；在服务平台上，仍以用户需求的调查为出发点，结合先进理论基础，符合移动服务的发展趋势。以上三个角度均能够证明所构建模型的先进性。但此模型是否具有可操作性？是否能够有效地满足信息用户的需求？是否能够实现知识的传播过程？仍有待考证。为此，本章拟通过实验方法来对以上质疑提出验证，具体实验目标包含以下几个方面。

1. 可行性目标验证

辨别该模型是否具有操作性。为此，实验拟采用服务难度较高 SMS 技术平台进行实验开展，采用个性化需求较强的定制服务内容为实验主体，通过提升相关难度来提升对构建模型可行性的判断。

2. 满意度目标验证

通过对构建模型中信息用户需求的挖掘、心理驱动过程的操作，对所构建模型的全流程进行模拟操作，并通过对实验结果的主观性问卷结论收集，来判断信息用户对该模型及实验的满意度。

3. 接受度目标验证

本书模型的构建旨在满足信息用户的需求，而更高的追求是实现知识传承的过程。图书馆服务与其他信息服务机构最大的不同也在于此。因此，本书的实验目标之一就是对服务模型推送知识内容的接受度[①]。

4. 价值性目标验证

若该模型通过实验具备了较高的可操作性，且信息用户满意度良好，知识传承接收度良好，则能够实现对所构建模型价值性的判断。

基于以上几个验证目标的综合，因此设计以移动知识服务过程为切入点，实现对所构建模型的验证过程。受所推送目标人群、所建设知识资源特色影响，图书馆移动知识推送实验，所推送知识更多是倾向于学习使用，因此本章在移动知识推送范畴下，将标题定义为"移动知识学习推送实验"。

第二节　移动知识学习推送实验设计

移动学习（Mobile Learning，M-Learning），可以将奥地利学者 Lindner 于 2004 年提出的微型学习概念视为其发展起源雏形，主要描述一种学习者通过

---

① 接收度是指信息接收的程度，接受度是指信息被接收后而转化吸收的程度。

微型媒体而实现的对微型信息内容的获取及学习过程，并将其表述为微型学习。[①] 目前，受众学者对研究开展的角度不同，移动学习仍没有统一的、明确的定义，但一般以欧洲和美国提出的 Mobile Learning 或 Mobile Education 来进行表述。[②] 移动学习的内涵包括以下三个方面。首先，移动学习是在数字化学习的基础上发展起来的，是数字化学习的扩展，它有别于一般学习。其次，移动学习除具备数字化学习的所有特征之外，它还具有独一无二的特性，即学习者不再被限制在电脑桌前，可以自由自在、随时随地进行不同目的、不同方式的学习。学习环境是移动的，教师、研究人员、技术人员和学生也都是移动的。最后，从它的实现方式来看，移动学习实现的技术基础是移动计算技术和互联网技术，设备从特征上具有可携带性（Portability），即设备形状小、重量轻，便于随身携带；无线性（Wireless），即设备无需连线；移动性（Mobility），指使用者在移动中也可以很好地使用[③]，符合本实验所需的各要素。美国、英国、日本等国家以及欧盟都开展了移动教育或移动学习的项目；我国北京大学、清华大学也已经逐步开展相关服务。[④]

一、理论基础

1. 非正式学习理论

非正式学习理论是相对于正式学习理论而提出的。在正式学习的过程中，往往知识传授双方是同一时间、空间存在的面对面交流，且时间、空间都受到固定化。非正式学习，则强调学习的泛在性特点，存在于日常生活中的各时、各处，不受客观时空条件的限制。图书馆移动知识推送服务，即基于移动终端，对信息用户进行学习知识推送，不受时间、空间限制，学习状态受信息用户控制，符合非正式学习理论特点，且能满足移动信息用户的碎片化、动态化、高效化的需求特征。

通过众多研究者实证分析，信息用户使用移动终端进行信息获取的方向之一，就是进行信息/知识的学习过程。这种移动学习过程与传统课堂学习、教育培训类的正式学习过程不同，是一种非正式的学习模式。目前，非正式学习定义有以下几种：①A learning activity which occurs outside the curricula of

---

① 顾小清. 终身学习视野下的微型移动学习资源建设[M]. 上海：华东师范大学出版社，2011：17.
② 黄荣怀. 移动学习——理论·现状·趋势[M]. 北京：科学出版社，2008：17.
③ 百度百科. 移动学习[EB/OL]. http: //baike.baidu.com/view/3003454.htm[2015-01-26].
④ 曾群，石晓旭. 3G 网络环境下图书馆对移动学习的支持研究[J]. 图书与情报，2013，06：57-61.

formal educational institutions[①]。②Learning in which both goals and processes of learning are defined by the learner, and where the learning is "situated rather than pre-established"[②]。③"非正式学习"是相对于正规学校教育或继续教育而言的，指在工作、生活、社交等非正式学习时间和地点接受新知的学习形式，主要指做中学、玩中学、游中学[③]。可以肯定地说，非正式学习是广泛存在的，能够满足学习者大部分的学习需要。非正式学习的模式也比较丰富，常见的有随意阅读、听音学习、模仿学习、车载学习、移动学习、微型学习[④]等。图书馆移动信息服务完全可以借鉴非正式学习理论，嵌入到信息用户的非正式信息/知识学习过程。本章在实验操作部分，借鉴非正式学习理论思维，将知识以移动传播的方式嵌入信息用户传统学习过程中，完成信息用户的非正式学习资源扩充。

2. 情境认知理论

情境性学习（Situated Learning），是由布朗（Brown）、柯林斯（Collins）和达吉德（Duguid）于 1989 年首次提出并给予"情境性学习"概念的界定。他们认为，传统的教学实践暗含了这样一种假定，即概念性的知识可以从它们被学习和应用的情境中抽象出来，而正是这种假定极大程度地限制了教学实践的有效性。在一些研究基础之上，布朗等得出，"情境通过活动来合成知识"（Situations Coproduce Knowledge Through Activity），即知识是情境化的，并且在部分程度上是它所被应用的活动、背景和文化的产物。[⑤] 情境性学习，具体是指在情境化的活动中完成的学习，包括真实的任务、情景化的过程、真实的互动合作和情景化的评价方法四个基本特征，强调学习、知识和智慧的情境性。这些学习观念对教学设计，特别是以技术为基础的教学设计具有重要的启示作用，因此受到构建主义者的极度推崇。[⑥] 在本章研究实验部分，为了加强信息用户对所推送知识的重视程度，特意结合信息用户具体生活学习情境，建设具体知识资源内容，以期通过信息用户知与行的相互互动，发挥图书馆移动知识推送服务价值。

情境观认为，实践并不是独立于学习而单独存在的。同样，意义也与实

---

① Livingstone D. Adults' informal learning: Definitions, findings, gaps, and future research. Toronto: The Research Network For New Approaches to Lifelong Learning, 1999.

② Vavoula G. KleOS: A Knoeledge and Learning Oraanisation System in Support of Lifelong Learning. PhD Thesis, Birmingham, University of Birmingham, 2004.

③ 余胜泉. 非正式学习——E-learning 研究与实践的新领域[J]. 电化教育研究, 2005, 10: 18-23.

④ 顾小清. 终身学习视野下的微型移动学习资源建设[M]. 上海: 华东师范大学出版社, 2011: 10.

⑤ 陈琦. 当代教育心理学[M]. 北京: 北京大学出版社, 2014: 197.

⑥ 陈琦. 当代教育心理学[M]. 北京: 北京大学出版社, 2014: 208.

践、情境脉络紧密相结合，是在实践和情境脉络中，加以协商。知识不单单是一件事情、一组表征，也不仅是事实或规则的集合，而是一种动态的建构过程与组织过程。知识是个体与环境在相互交互作用过程中所建构的一种交互式状态，具有人类协调相关行为，去适应动态变化发展环境的一种能力。实际上，情境学习不仅仅是一种使教学情境化的，或与情境密切相关的建议，而是有关人类知识本质的一种理论，是一种研究知识如何在人类活动过程中发展的理论。情境认知理论认为，知与行是交互的——知识是情境化的，通过活动不断向前发展。[①]为了更好地开展本实验，本章借鉴情境认知理论观点，在实验数据库知识资源建设过程中，更好地符合所实验信息用户的个性化需求特点，满足情境学习的需求。

3. 马斯洛需求层次理论

人的各类需求都是存在层次的，且只有在低级需求满足后，才会产生更高一层次的需要。知识需求也是这样的过程，都是在一定积累基础之上，才会产生更高的知识需求。因此，在本实验模块中，除选择有知识需求的人群之外，还仍需考虑人群的知识需求的层次特征。通过移动知识推送，更好地激励目标人群的知识获取态度，提高对图书馆移动知识服务测试的满足程度。相关调查显示，在校大学生知识学习的两大主要动机分别为"工具性期望"和"资讯性期望"，即更多关注知识学习所带来的实际效益。

二、推送模型

本章所设计的移动知识服务实验系统逻辑模型主要由四个部分组成，分别是信息用户层、服务平台层、服务模块层、服务资源层，如图 6-1 所示。

1. 信息用户层

受 Web3.0 时代信息用户多重化身份转型的影响，信息用户的类型已经由单一的接收型用户，扩展到接收型、建设型、（接收-建设）双重型三种类型。①接收型移动信息用户在图书馆移动知识服务过程中，只作为信息用户，通过图书馆提供的各类型服务平台（APP、短信、WAP 等），选择服务模块形式，接收服务资源内容；②建设型移动信息用户更多地作为信息资源建设者存在，通过服务平台连接服务模块，进行模块对应的信息资源建设；③双重型移动信息用户兼容了以上两种特征，既实现了信息资源的接收，同时又进行相关

---

① 百度百科. 情境认知理论[EB/OL]. http://baike.baidu.com/view/3122404.htm[2015-01-26].

建设。本实验选择第一类对象为实验客体。

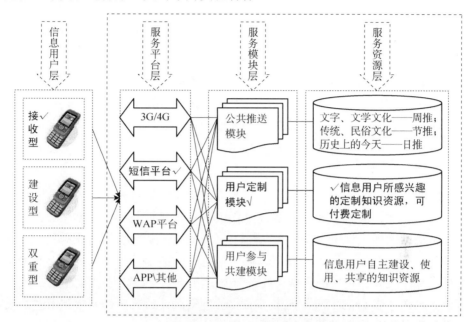

图 6-1　移动知识服务实验逻辑模型图

图中黑体部分为实验选定内容

2. 服务平台层

根据所要推送知识资源的类型、特点及对信息接收度的要求，合理选择各类信息传输通道。①按对信息用户强制阅读控制力的高低来划分，短信的强制阅读能力最强，因此可将重要的、信息用户需求度较高、信息用户定制的知识资源内容，采用短信通道传输；②3G/4G 的优点是它能够处理图像、音乐、视频流等多种媒体形式，提供包括网页浏览、电话会议、电子商务等多种信息服务，因此利用此平台传输媒体形式多样、数据量大的知识资源；③WAP 为无线应用协议，使移动 Internet 有了一个通行的标准，将 Internet 的丰富信息及先进的业务引入到移动电话等无线终端之中，因此可以选择内容较长、需要长时间阅读的知识资源。本实验选择短信平台。

3. 服务模块层

根据移动信息用户的类型，在服务模块设计中，主要构建了三个模块：公共推送模块、用户定制模块、用户参与共建模块。其中：①公共推送模块将针对所有类型的信息用户，进行无差别的共性知识的推送服务，其推送内容知识量相对较少、知识深度相对较浅。②用户定制模块主要服务于对于个性化需求度较高的信息用户，信息用户可以选择根据所提供的定制目录进行定制，也可以协商，进行完全的个性化定制。由于定制服务需要一定的运行成本，一般应支付一定的费用。③用户参与共建模块，主要针对于建设型和双重型移动信息用户设计。信息用户通过该模块可以实现由使用者身份向建设者身份的转化，可以将自身判断有价值的知识资源上传到指定移动服务平台中，实现与其他信息用户的资源共享过程。当然，在进行共享之前，需要进行审核及把关。本实验选择定制类的知识服务推送。

4. 服务资源层

服务资源内容的设置应该能适应服务模块层的特点及信息用户的需求。①在公共推送模块知识资源的建设过程中，可以建设周推、节推、日推三类资源。周推因推送频率为 7 天，所以可以推送一些连续性不是很强的文字、文学类文化信息资源内容，既可以满足信息用户的学习热情，又不会导致因为推送频率过高而带来的厌学情绪；节推资源，主要是针对中国的传统节日，可以推送关于节日的由来、习俗等文化信息资源；日推资源可以进行"历史上今天"的信息资源建设。②用户定制模块资源建设，可以先对所服务信息用户开展相关调查，根据用户选择的共性特点，可以先设定出一些具体范畴的定制目录，以供定制用户在定制过程中参考使用，并建设相应资源数据库；当然，也存在着对于个性化需求精度、深度较高的信息用户，可根据自身资源、人员现状，与信息用户协商，并展开个性定制服务。③用户参与共建模块资源建设，主要依靠的是信息用户的力量，实现资源在信息用户间的共享过程。也可以设置相关选题，引导信息用户自建；也可以提供个人移动知识资源库、移动知识讨论区等形式开展知识资源共享过程。但无论哪种形式，都需要进行适度的把关审核，以确保所传播的知识质量。

三、实验方法

1. 理论实验方法

实验研究是人为安排两种或多种在某一维度上的不同情境，并把被试对象随机分配到这些情境中，然后测量行为，并探寻自变量与因变量之间关系的方法。[①]

本实验采用对比实验方法，将实验对象分为两组——对比实验组和控制实验

---

① 侯玉波. 社会心理学. 社会心理学[M]. 北京：北京大学出版社，2007：24.

组，如图 6-2 所示，对比实验组除参与数据收集外，不进行任何要素改变控制，数据仅用于进行作为参照；控制实验组除前测数据收集外，还进行图书馆移动知识推送实验的开展，参与后测数据的收集及态度问卷信息的收集。其中，对比实验组的主要任务是识别控制实验组群体是否存在特殊性。控制实验组前后数据结论用于识别实验效果的质量，即所推送知识是否能够被接收者接受。

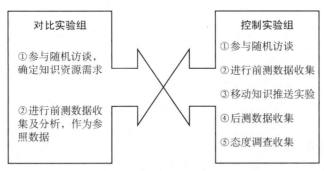

图 6-2　两实验组实验操作流程对比图

2. 技术实验方法

目前，主流的移动服务技术主要包括 SMS、WAP、APP、微信四种。在本实验中，受资金及技术开发、购买的制约，在进行了四种模式优缺点对比之下，选择采用 SMS 方法进行图书馆移动知识推送实验，影响要素如下：

（1）SMS 覆盖率在四种模式中，覆盖率相对较高，服务对象选择受服务主体设定控制。

（2）SMS 在移动知识推送实验中，其主动性最强，能够较好地达到实验目的。

（3）SMS 的建设及维护成本比较低，且中国移动的飞信业务能够实现免费的短信推送过程。

但仍然存在一些劣势，例如：

（1）服务多样性较差，更多地只能基于文本，而非多媒体。

（2）交互性较差，信息用户以接受为主，在双向、多向互动上存在劣势。

（3）日常服务成本较高，服务主体每次、每条推送都要亲自参与，不若其他模式可以脱离服务主体，仅靠信息用户自主进行。

鉴于此，SMS 优势符合实验需求，且劣势可以尽量克服，因此本实验采用 SMS 模式进行移动知识推送实验。

SMS、WAP、APP 技术服务模式对比如表 6-1 所示。

表 6-1　三种技术服务模式对比表①

服务模式	覆盖率	多样性	主动性	交互性	建设维护成本	日常服务成本
SMS	高	较差	好	较差	低	较高
WAP	较低	较好	差	较好	较高	低
APP	低	好	较好	好	高	低

第三节　实　验　流　程

实验过程从组织到实践经历一年有余，共分为实验前期、实验中期、实验后期三个阶段。实验点分为接受度实验和满意度实验。

一、实验前期

1. 实验人群样本圈定

选择在校大学生作为主体，征集参与前测数据收集人群近 100 人，受信息用户选择及移动网络影响，最终确定移动信息用户 31 人，进行近半年的 140 条知识学习文本数据推送。

2. 抽样访谈确定知识推送内容

为了保障移动服务效果能与本实验初衷一致，符合信息用户的真实需求，因此在实验开始之前，便在所实验人群范围内选择各年级群体中共 36 人进行个别访谈。个别访谈时间 10 余分钟，部分个体受其特殊讨论需求而延长。通过访谈过程，初步判断信息用户的知识需求方向。访谈内容包括以下内容：

（1）个人信息：年级、电话。

（2）学习生涯规划信息。

对大学生涯的愿景、具体的学习目标、理想中的毕业去向、希望得到的知识援助、其他。

通过具体的个人访谈过程，初步判断出绝大多数实验对象对自身的学习规划性并不清晰，但愿意在有知识援助的基础之上，向着理想中的毕业去向而努力，对能对其有帮助的移动知识推送服务渴望迫切。同时，绝大多数访谈对象的理想毕业去向为两个方向，分别是考取研究生继续深造及考取公务

① 江波，覃燕梅. 我国移动图书馆五种主要服务模式的比较研究[J]. 图书馆论坛，2014，02：59-62，89.

员获取一份稳定的工作。所渴望的知识内容除与以上两个主体方向一致外，还渴望能够提升自身素养，对个人成长有所帮助。因此，在以上访谈基础之上，初步确定了知识推送的四个主要方向：

（1）马克思主义哲学与基本原理知识，尤其是考研究生及公务员常考名词，提升各类相关考试能力。

（2）社交礼仪基础知识，提高社交能力及个人素质。

（3）中华历史名人知识，通过对历史名人的学习，扩展眼界，提升文化素养。

（4）中国古代名言警句知识，提高个人文化素养及思考能力。

3. 前测试卷制作及发放

在确定了所推送知识内容基础之上，本实验进行了知识推送测试知识数据的制作，共制作社交礼仪类知识 27 类、中国古代名言警句 500 条、马克思主义哲学知识 101 条、马克思主义基本原理知识 84 条、中华历史名人简介 80 条。在所建设知识资源范围基础之上，设计前测数据试卷，并发放给 96 人作答。受其中第一批答题者未进行题目解析，且存在抄袭现象，故删除不做统计。后续答题能够保障成绩的真实可靠性，具体题目如下：

题目一：名词解释

i.实事求是 ii.形而上学 iii.马克思主义 iv.自由 v.发展

题目二：人物简介

i.朱元璋 ii.康熙 iii.王安石 iv.曾国藩 v.姜子牙

题目三：社交礼仪使用

i.生活中常用的电话礼仪有哪些？

ii.生活中常用的握手礼仪有哪些？

题目四：列举题

i.您所喜欢的古诗词及出处列举，数量不限。

例如：一日不见，如三秋兮。《诗经·王风·采葛》

ii.您所喜欢的名人名言例举，数量不限。

例如：我们应该不虚度一生，应该能够说："我已经做了我能做的事。"——居里夫人

4. 前测数据收集及分析

前测试卷每小题得分总和分数如图 6-3 所示。

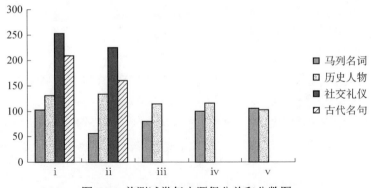

图 6-3　前测试卷每小题得分总和分数图

横坐标为各比较对象的各个题目，纵坐标为分数和值。例如，最左边的第一个立方体，

表示马列名词题目的第 i 题——实事求是，总分为 103 分

　　前测数据分析：在题目一马列名词解释中，总分排名分别为：发展>实事求是>自由>马克思主义>形而上学，可见，越是专业的知识词汇，得分越低，是被测试群体的知识弱项，应该加强其推送关注度。在题目二人物简介中，总分排名分别为：康熙>朱元璋>曾国藩>王安石>姜子牙，可见，皇帝的影响力大于其他类人物；对于姜子牙，也有很多被测试者基于影视剧作品的影响，认为其只是神话人物。在题目三社交礼仪题目中，电话礼仪、握手礼仪，相比较而言，差异不大。在题目四列举题中，对于古诗词所得分数高于名人名言列举，但仍低于社交礼仪分数。因此，在社交礼仪与诗词名句相比较过程中，应加大对后者的关注度（图 6-4）。

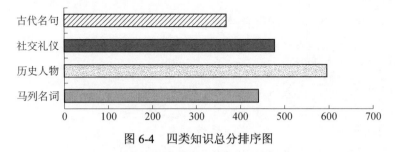

图 6-4　四类知识总分排序图

横坐标为比较对象和值，纵坐标为比较对象

　　四类测试数据总分排序分析：通过对四类知识所得分数求和排序可以清晰地看出，被测试群体对于中国历史人物知识掌握程度最高，其次是社交礼仪常识，再次是马列名词，最后古诗词及名句。由此可得出，在移动知识推送过程中，对于知识的推送关注度则应是上序列的逆向排序。通过该数据结

论也可以看出，被测试群体的文化基础知识相对于应用型知识更显缺失。因此，在对诗词名句推送板块中，将更多地关注中国文化内容，以期通过知识推送间接提高被测试人群的文化素养（图6-5）。

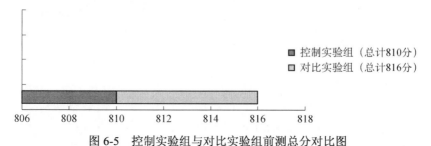

图 6-5　控制实验组与对比实验组前测总分对比图

横坐标代表总分值，纵坐标代表比较对象，为了更好地体现比较效果，

因此将两个比较对象进行了前部重合操作

通过在前期近百份前测问卷数据中，在被测试者自主选择及技术条件限制的影响（中国移动的飞信业务仅能向中国联通客户发送一定数量的免费短信，超过额定数量则无法连续进行再发送。因此，通过一段时间的移动推送测试，得出控制实验组群体必须是中国移动客户，方能实现日推，完成计划推送过程），最终选定30名测试者组成控制实验组（其中2名信息推送监督人员不参加测评，实际控制实验组人员28人），通过对分组前测问卷得分情况的统计，总分为810分，平均28.93分。在此基础上，随机选择对比实验组，最终对比实验组总分为816分，平均分为29.14分。两组数据总分相差6分，相对816分的基数数据，误差率约为0.74%，不足1%，平均分更是接近，符合对比条件，可以证明控制实验组群体的随机正常性，而不是为实验结果而选定的人群。

二、实验中期

1. 实验数据推送设计

根据前期相关文献调查结论显示[①]，平均每日移动阅读的次数 1～3 次，占所调查比重最高，达到50%以上；阅读 30 分钟以内所占比重达 60%以上；睡前进行阅读所占比重达 72%以上；发送时间 18：00～22：00，比例占45.56%。[②] 大一、大二学生的阅读总量最大；大三学生是阅读专业知识最多

① 张艳丰，刘昆雄，毛爽. 大学生移动阅读诉求三维度实证分析[J]. 图书馆论坛, 2013, 05：95-98.
② 孙翌，白永革，曲建峰，蔡峰华. 图书馆短信服务系统需求调研与实施对策[J]. 图书馆学研究, 2010, 16：64-66，57.

群体；大四学生的移动阅读量最少，且持无所谓态度。[①]

综合以上结论，本实验拟定每日推送 1 次；知识阅读及思考空间时间限定在 30 分钟之内；为避免影响信息用户休息于每日 18：00～20：00 进行移动知识推送实验；鉴于普通高校本科教学周期为 20 周，实验发送知识量为 20 周×7 天×1 条/天 = 140 条数据量；大三学生作为实验主体，其他年级学生仅占少量部分。

2. 两次心理驱动过程

（1）第一次心理驱动过程：在前测试卷发送之前，进行移动知识学习推送服务宣传，将所推送学习的知识内容价值及服务意义进行宣传，激发作答者的潜在服务需求意识。发送前测数据问卷给予实验群体作答。本实验针对前测试卷近 100 名作答者的专业及年级情况进行了群体的分众表述，根据回答状态进行群体排序。排序原则主要包括两个角度：一是作答者真诚度，若存在作弊数据结论，则无法保证实验的真实性；二是作答者对推送服务的渴求态度，若渴求态度极低，则后测数据也无法客观反映出推送服务效果。最终选择出合适的群体。

（2）第二次心理驱动过程：与最终群体中各位实验对象进行访谈交流，在获取其所关注的学习知识需求基础之上，对所推送知识内容的价值进行介绍，阐述推送知识内容与其需求内容的媒合程度。通过介绍，增强被推送者对推送知识的渴求程度。第二次心理驱动也存在一定的风险，若在驱动过程中增加了实验者的心理预期，也将无法保证后测数据结论的可靠性。因此在第二次心理驱动过程中，驱动者会更加客观，接近事实，同时也进行了推送学习资源内容范畴的确定。

3. 推送知识内容

推送知识内容共包括四类知识，每类知识均以信息用户前期访谈需求为依托进行酌情选择。

1）马克思主义知识

（1）哲学：世界观的理论形态，或者说是系统化、理论化的世界观；世界观和方法论的统一。

（2）世界观：对人与世界关系的根本看法、根本观点。方法论：认识世界和改造世界的根本方法。方法论与世界观是统一的，有什么样的世界观就有什么样的方法论。

---

① 薛菲，张曼玲. 北京地区高校大学生网络阅读的实证研究[J]. 图书与情报，2011，01：99-103.

（3）唯物主义：在哲学基本问题上，主张物质第一性、意识第二性的哲学派别。唯物主义有三种历史形态：古代朴素唯物主义、近代机械唯物主义、现代辩证唯物主义。

（4）唯心主义：在哲学基本问题上，主张意识第一性、物质第二性的哲学派别。唯心主义有主观唯心主义和客观唯心主义两种形式。

（5）一元论与二元论：对世界本原问题的不同回答而形成的哲学派别。认为世界只有一个本原的是一元论哲学，唯物主义和唯心主义都是一元论哲学。认为世界有物质和意识两个独立自存的本原的是二元论哲学。

（6）可知论与不可知论：对哲学基本问题第二个方面的不同回答而形成的哲学派别。凡认为思维和存在有同一性的哲学派别都属于可知论哲学，认为思维和存在没有同一性的哲学是不可知论哲学。

（7）时间：物质运动过程的持续性，它的特点是一维性或不可逆性，即时间只能沿着过去、现在、将来的方向进行。

（8）哲学基本问题：存在和思维、物质和意识的关系问题。哲学基本问题有两个方面，第一个方面是思维和存在谁是第一性的问题，这是划分唯物主义和唯心主义哲学派别的依据；第二方面是思维和存在有无同一性的问题，是划分可知论和不可知论的依据。

（9）人工智能：又称机器思维，本质上是对人的思维的模拟。

（10）实事求是：本义是指严谨好学、务求真谛的一种认真的治学态度。毛泽东对之作出马克思主义解释，并用之来概括辩证唯物主义和历史唯物主义的思想路线，即"实事"就是客观存在着的一切事物，"是"就是客观事物的内部联系、规律，"求"就是去研究。

（11）实践：人能动地改造世界的对象性活动。实践是人与世界关系的中介，是自在世界向人类世界转化的基础。实践是人的存在方式。

（12）辩证法：即思辨与实证相统一的方法。思辨性与实证性相统一的辩证法的发展有一个过程。辩证法发展的第一阶段是通过辩论达到真理，是辩证法发展的思辨阶段；第二阶段是揭示宇宙发展的普遍规律，是辩证法发展的实证阶段；作为思辨与实证相统一的第三阶段是前面两个阶段的综合，即思辨性与实证性相统一的阶段。如果说第一阶段是认识论的辩证法，第二阶段是本体论的辩证法，第三阶段则是本体论和认识论相统一的对称辩证法。思辨性与实证性相统一的辩证法即对称辩证法，是辩证法发展的最高阶段。

（13）马克思主义：是马克思、恩格斯在 19 世纪工人运动实践基础上创立的理论体系。马克思主义主要以唯物主义角度编写而成。马克思主义理论体系包括三部分，即马克思主义哲学、马克思主义政治经济学、科学社会主义，分别是马克思、恩格斯受德国古典哲学、英国古典政治经济学、法国空想社会主义影响，并在此基础上创立的。

（14）幸福：心理欲望得到满足时的状态。一种持续时间较长的对生活的满足和感到生活有巨大乐趣并自然而然地希望持续久远的愉快心情。

（15）自由：是一个政治哲学中的概念，在此条件下人类可以自我支配，凭借自由意志而行动，并为自身的行为负责。学术上存在对自由概念的不同见解，在对个人与社会的关系认识上有所不同。

（16）实践：是人类自觉自我的一切行为。内在意识本体与生命本体的矛盾是推动人类自我解放的根本矛盾，其外在化为人类个体及组织、阶级通过生产关系联系的整体对于自然及个体间或者集体关系、阶级关系形成的解放活动。实践只有在自觉的意识下才是人性的、人格的。

（17）工具理性：所谓"工具理性"，就是通过实践的途径确认工具（手段）的有用性，从而追求事物的最大功效，为人的某种功利的实现服务。工具理性是通过精确计算功利的方法最有效达至目的的理性，是一种以工具崇拜和技术主义为生存目标的价值观，所以"工具理性"又叫"功效理性"或"效率理性"。

（18）实证科学：是现在我们通常所说的科学，就是可以通过实验或事实证明其正确的科学论断或概念。

（19）扬弃：哲学名词，德语"aufheben"的意译，音译为"奥伏赫变"。扬弃包含抛弃、保留、发扬和提高的意思，指新事物代替旧事物不是简单地抛弃，而是克服、抛弃旧事物中消极的东西，又保留和继承以往发展中对新事物有积极意义的东西，并把它发展到新的阶段。

（20）本质：在哲学当中，本质又称为"实质"，是指某一对象或事物本身所必然固有的。从根本上，使该对象或事物，成为该对象或事物，否则该对象或事物就会失去其自身的特定属性或特定一套属性。

（21）智慧：（狭义的）是高等生物所具有的基于神经器官（物质基础）的一种高级的综合能力，包含感知、知识、记忆、理解、联想、情感、逻辑、辨别、计算、分析、判断、文化、中庸、包容、决定等多种能力。智慧让人可以深刻地理解人、事、物、社会、宇宙、现状、过去、将来，拥有思考、分析、探求真理的能力。与智力不同，智慧表示智力器官的终极功能，与"形而上谓之道"有异曲同工之处，智力是"形而下谓之器"。智慧使我们做出导致成功的决策，有智慧的人称为智者。人工智能是机器人的极其艰难的最终目标，但也许永远无法达到。

（22）阶级意识（Class Consciousness）：是马克思主义中的一个术语，意指一个社会阶级的自觉，包括它的能力及利益所在，或指阶级成员对自身历史责任的意识。

（23）物质：标志客观实在的哲学范畴。物质的根本特征是客观实在性。

（24）运动：物质的存在方式，是标志物质世界一切事物和过程的变化的哲学范畴。

（25）科学。首先指对应于自然领域的知识，经扩展、引用至社会、思维等领域，如社会学。它涵盖两方面含义：①致力于揭示自然真相，而对自然做理由充分的观察或研究。这一观察通常指可通过必要的方法进行的，或能通过科学方法——套用以评价经验知识的程序而进行的。②通过这样的研究而获得的有组织体系的知识。

（26）主观能动性：又称自觉能动性，人们认识世界和改造世界中有目的、有计划、积极主动的活动能力。主观能动性是人类特有的行为特征。

（27）唯物主义一元论：凡是把世界万物的本原归于物质的，都是唯物主义一元论。

（28）唯心主义一元论：以不同形式把世界的本质归结为精神、意识的，是唯心主义一元论。

（29）物质生产：是社会存在形式的生产，是人们改造自然、创造物质财富的活动。

（30）人口生产：①是指以一定家庭关系联系起来、通过同自然界的物质交换而实现的生命延续和种的蕃衍过程。人口生产是人类社会最基本、最重要的生产方式。②是指以一定数量和质量的人口、一定标准的人才为成果，以满足人类自身延续和发展的需要为主要目的而进行的生育、养育和教育（成才）等生产活动。

（31）自在世界：人产生前的自然界和人类实践活动尚未深入到的自然界。

（32）人类世界：又称属人世界，在人类实践基础上形成的人化自然和人类社会的统一体。

（33）空间：运动着的物质的广延性，指事物的体积、形态、位置、距离和排列次序等。空间的特点是三维性，即任何物体都有长、宽、高三个方向。

（34）意识：自然界和社会长期发展的产物，是人脑的机能，物质世界的主观映像。

（35）辩证法：关于普遍联系和永恒发展的学说，是用联系的、发展的、全面的、矛盾的观点来考察世界的世界观和方法论。辩证法有三大规律，即对立统一规律、量变质变规律、肯定否定规律。对立统一规律是辩证法的实质和核心。

（36）形而上学：用孤立的、静止的、片面的、非矛盾的观点来考察世界的世界观和方法论。

（37）联系：事物或现象之间以及事物内部各个要素之间的相互作用、相互影响和相互制约。

（38）发展：事物从低级向高级、从量变到质变的运动变化过程。发展的最本质含义是新事物的产生和旧事物的灭亡。

（39）肯定：事物内部维持其存在的方面，即确定这一事物是它自身而不是别的事物的方面。

（40）否定：可以在三重意义上使用否定，一是否定的方面，即事物中促使其灭亡的方面或因素；二是否定的环节，即把事物的发展和联系统一起来的环节；三是否定的阶段，即否定之否定规律发展的第二阶段——从肯定到否定的阶段。

（41）量变：事物数量的增减和场所的变更，表现为事物不显著的变化，体现了事物发展的连续性。量变是事物在度范围内的变化。

（42）质变：事物由一种质态向另一种质态的飞跃。质变是事物根本性质的变化，表现为显著的变化，是事物连续性的中断。

（43）基本矛盾：贯穿于事物发展过程之始终并规定事物及其过程的本质的矛盾。

（44）主要矛盾：在许多矛盾构成的矛盾体系中处于支配地位、对事物的发展过程起决定作用的矛盾。非主要矛盾（即次要矛盾）则处于从属地位，对事物发展过程不起决定作用的矛盾。

（45）内因：事物内部的矛盾性。事物的内部矛盾是推动事物发展的根本动力和原因。坚持内因论也就把事物的运动发展看做是事物的自我运动、自我发展。

（46）外因：一事物与他事物的对立统一，即外部矛盾。外因是事物存在和发展的必要条件，外因通过内因起作用。

（47）客观真理：真理的客观性。有两重含义：一是真理的内容是客观的，不以人的意志为转移；二是检验真理的标准实践也是客观的。

（48）绝对真理：真理的绝对性。有两方面的含义：一是任何真理都是客观的，这一点是绝对的、无条件的；二是人类的认识按其本性能够认识发展的物质世界，认识每前进一步就是对无限发展的物质世界的一次接近，这一点也是绝对的、无条件的。

（49）相对真理：真理的相对性指人的认识总是在一定条件下对客观世界的认识，因而总是有局限性的、不完全的。

2）社交礼仪基础知识

（1）敲门礼仪。按门铃礼仪：现代家庭大都安装有门铃，我们在按门铃时也要有礼貌，正确的做法是：慢慢地按一下，隔一会儿再按一下。按门铃时千万别性急，"叮叮当当"乱按一气，不仅不礼貌，而且弄不好把人家的门铃按坏。敲门，最绅士的做法是敲三下，隔一小会儿，再敲几下。敲门的响度要适中，敲得太轻别人听不见，太响不礼貌而且会引起别人的反感。敲门时绝对不能用拳头捶门、不能用脚踢门，不要"嘭嘭"乱敲一气，若房间里面有老年人或婴幼儿，会惊吓到他们。如果遇到门是虚掩着的，也应当先敲门，得到主人的允许才能进入。进入别人的办公室也应该先敲门，表示一种询问"我可以进来吗"，或者表示一种通知"我要进来了"。

（2）电话的礼仪时间选择：和私人通话要选择效率高的时间，晚上 10 点后，早上 7 点之前不打电话，就餐的时候别打电话，节假日不要打电话。空间选择：私人电话最好在家里打，工作电话在单位打。不乱用单位电话谈私事，不在公众场所打电话。喜悦的心情：打电话时要保持良好的心情，这样即使对方看不见你，但是也会被你欢快的语调所感染，给对方留下极佳的印象，由于面部表情会影响声音的变化，所以即使在电话中，也要抱着"对方看着我"的心态去应对。打电话过程中绝对不能吸烟、喝茶、吃零食，即使是懒散的姿势对方也能够"听"得出来。如果你打电话的时候，弯着腰躺在椅子上，对方听你的声音就是懒散的、无精打采的，若坐姿端正，所发出的声音便会亲切悦耳、充满活力。因此打电话时，即使看不见对方，也要当作对方就在眼前，尽可能注意自己的姿势。

（3）电话的礼仪。通话时长：宜短不宜长；长话短说，废话不说；把最重要的事放在前面，自我介绍开头。打错电话要主动道歉，发短信祝福最好带署名。电话接听时间：听到电话铃声，不要过早过晚接，铃声响三声内接；不随便让别人代替自己接电话。电话铃声响一声大约 3 秒钟，若长时间无人接电话，或让对方久等是很不礼貌的，对方在等待时心里会十分急躁，你的所在单位会给他留下不好的印象。代接电话：首先告诉对方他找的人不在，然后再问对方是谁。如果有外人在和你谈话，来电话也要接，接电话时要说明身边有谁在，暗示对方不能说深层次问题，然后主动提出要让对方选择一个时间打给他。对方打错电话：遇到对方拨错电话时，首先提示对方拨错了，其次可以重复自己的号码。记录：随时牢记 5W1H 技巧，所谓 5W1H 是指①When 何时；②Who 何人；③Where 何地；④What 何事；⑤Why 为什么；⑥How 如何进行。在工作中这些资料都是十分重要的。对打电话、接电话具有相同的重要性。电话记录既要简洁又要完备，有赖于 5WIH 技巧。

（4）电话常识（上）。如果想暗示对方结束通话：可以重复说一次要点。谁先挂电话：地位高者先挂，如长辈先挂；求人的时候，被求人的先挂。不用移动电话传送重要信息，重要信息最好面谈。不要在医院或者是在机场用手机，以免影响机场及医院的电子设备。打电话时，请注意一下，有些地方是不允许使用手机的，如加油站，一些餐馆、酒吧、剧院、电影院以及火车行李站。当不使用手机时，请锁住手机按钮，以防意外拨打诸如 119、110、120 等特殊的电话号码。

（5）电话常识（下）。不是万不得已，不要借用别人的手机。接电话语气"喂"的声调最好为上升调，这样显得你愉悦、温柔、礼貌，没有特别的事情最好省略"喂"，直接说"你好"。公众场合手机调成振动，不要在公众场合打电话。不要乱给别人拍照。如果是座机，请轻放电话，声响太大会抹掉别人对你的好印象。如果自己按了免提要告诉对方。手机最好是放在公文包里。

（6）制服礼仪。基本要求：面料好，色彩少，款式要雅。制服四戒：戒露，戒透，戒短，戒紧。制服四忌，忌脏、皱、破、乱。办公服装：庄重保守，传统；社交场合：时尚典雅个性；喜庆场合：热烈活泼；悲伤场合：肃穆稳重，黑色，素色；丧服：不露肌肤，女士不过分打扮，男士要脱帽。

（7）言谈基本礼仪。言谈要文明，忌谈：粗话、脏话、黑化、荤话、怪话、气话。问候语：您好；道歉语：对不起；道别语：再见；请托语：请；致谢语：谢谢；文明用语：敬语、雅语、谦语；言谈要准确；发音准确，语音：字正腔圆有助于沟通和交流；语调：自然、沉稳、不拿腔拿调；音量：适中；音色：悦耳动听、训练口、唇、舌、呼吸；语速适度：不疾不徐，听得舒服、清楚。口气谦和，内容简明，少用方言土语。

（8）话题的选择。选好话题：有品位的话题、轻松愉快的话题、流行时尚的话题、对方擅长的话题。不宜谈及的话题：个人隐私，不愉快的事情，容易引起争议的话题，荒诞离奇、耸人听闻和黄色淫秽的话题，非议他人的话题，应选择大家都共同参与的话题。交流的方式：双向共感、认真倾听是一种礼貌的表现（耐心、专心）；神态专注、用词委婉、礼让对方、以对方为谈话中心；言谈技巧：机智灵活、语言幽默、及时赞美、巧妙地说服对方（情感投入）、善用目光。

（9）套裙礼仪。套裙的选择：①面料的选择（天然质地，上衣、背心、裙子要求同一面料）；②色彩的选择：冷色调为主；③图案的选择：讲究朴素简洁，以无图案最佳，或选格子、圆点、条纹等图案；矮胖身材选竖条为好，忌大圆点、大格子；④套裙中的点缀：不宜过多，以免琐碎、杂乱、低俗、小气、有失稳定；⑤套裙的尺寸：裙短则不雅，裙长则无神；下摆最长只能到下腿中间，最短不能在膝盖上15厘米；⑥套裙的造型：包括长短和宽窄两方面；H形、X形、A式、Y式套裙款式，主要表现在衣领上。

（10）套裙的穿着。大小适度，衣袖最好遮住手腕，穿着到位，衣扣要全部扣上，考虑场合，特别是涉外场合，协调装饰，淡妆，注意举止。套裙的搭配：衬衫搭配，无图案，首选白色。鞋袜的搭配：宜穿牛皮鞋、羊皮鞋、高跟鞋、坡跟皮鞋，不宜穿彩色、白色、多色袜子，宜穿肉色、黑色、浅棕色袜子。内衣搭配：不外露颜色。

（11）握手礼仪。伸手的先后顺序——尊者决定：先上级后下级；先主人后客人；先长辈后晚辈；先女士后男士。握手的注意事项：忌左顾右盼；使用右手，忌左手；忌坐；忌不话；忌交叉；忌戴帽子和手套；力度适中；时间1～3秒。

（12）致意礼仪：是人们在社交场合，为表达致意和问候的一种方式，是经常使用的一种见面礼节。致意的形式：微笑致意，点头致意，招手致意，欠身致意，脱帽致意。致意的礼规，致意的顺序：男士—女士；下级—上级；晚辈—长辈；地位低—高，女士例外；致意的方法——可以使用两种以上；回应致意的对方；致意的动作不可马虎。

（13）拜访礼仪。拜访准备：事先约定（有约在先）——约定时间、地点、人物，如约而至。赴约准备：仪表修饰得体、内容准备充分、准备赠送礼物。拜访的礼节：遵时守约，礼貌登门，放好物品，言行得当，适时告别。家庭拜访的注意点：先约后访；礼品的准备（尤其是初次拜访）；注意仪表仪容；先声后入；注意言行举止；掌握时间，适时告别（一般20分钟）；到老朋友家拜访不随便点，反而见外吗？——不是，朋友之间反而更应互相尊重。办公室拜访的注意点：提前预约；注意仪表仪容；适时、礼貌入内；注意礼节；掌握时间，礼貌告辞（一般15～30分钟）。

（14）送花礼仪。暖色：喜庆；冷色：伤感。送花种类——花束：探友、探病人、约会、送别；襟花：喜庆场合、庆典。花篮：公务场合多用；盆花：拜年、登门多用；送花的时机：结婚庆典：颜色鲜艳、花语好的玫瑰、郁金香、百合。接友：月季、马蹄莲；送友：马蹄莲、满天星；乔迁之喜：盆花。巧用鲜花（可弥补语言的不足），康乃馨：送给母亲的花；百合：纯洁；郁金香：幸福美满。民俗寓意：紫色不宜送给巴西的人，西方喜单数（除了13），东方喜双数（除了4）。

（15）西餐进餐礼仪。餐巾中途不用放在椅背上，叉子掉了不要去捡，让服务员更换。①吃面包的礼仪：吐司早上吃。②喝汤的礼仪：不要出声，不要与器皿碰撞。③吃蔬菜和沙拉的礼仪：配在主菜里的蔬菜可以吃，小粒番茄和芹菜可用手拿。④吃海鲜的礼仪：鱼片用叉不用刀，全鱼先去掉头尾；不能翻身，把鱼刺挑掉，再吃另一边。⑤吃肉类的礼仪：牛排：带血牛排（五分熟、七分熟、全熟）；欧式：吃一块、切一块；美式：切完后，再吃。猪排、羊排不分几分熟，全熟，吃法一样。⑥吃甜点的礼仪：三角形蛋糕从顶端开始吃；小片饼干可用手拿，用刀叉卷着面包。⑦喝酒的礼仪：红肉配红酒、白肉配白酒、三根手指轻握酒杯，呷小口慢慢品尝。⑧可以用手指取食的食物：生菜里包的食物、芦笋、培根肉（熏肉）、用手撕着吃的面包、饼干、完整的玉米、小肉卷、三明治、带柄的水果（葡萄、樱桃）。⑨喝咖啡的礼仪：手不能穿过杯耳拿起，喝咖啡时匙子拿出来。

3）中华历史名人知识

（1）千古帝谜——秦始皇嬴政。公元前 221 年，秦吞并六国，秦王嬴政（前 259—前 210）成为一统天下的至高君王。两千多年来，关于秦始皇的功过，也无定论。他横扫六国，统一天下，废分封，轩郡县，统一度量衡和钱币，使书同文，车同轨，立法创制，功莫大焉，因此，有人奉他为千古一帝。他筑长城，修阿房，造陵墓，焚书坑儒，酷罚苛政，奴役臣民，因此，又有人称他为天下第一暴君。秦始皇，说他生性残忍，心狠手辣，草菅人命，不为过。可他又纳谏如流，大肚能容，是一个谜一样的人物。

（2）雄才大略——汉武帝刘彻。汉武帝刘彻，西汉第五个皇帝，在位 54 年（前140～前87年），是我国历史上一位雄才大略、多有建树的封建帝王。他继承"文景之治"形成的富强国势和安定局面，一改旧制，罢黜百家，独尊儒术，改革鼎新，励精图治，对内加强皇权，巩固统一，对外开疆拓土，宣扬国威，把西汉王朝推向极盛时期，开创了历史上一个辉煌时代。

（3）一代天骄——成吉思汗。成吉思汗名铁木真，他是蒙古人最伟大的传奇英雄，也是中华民族历史上最杰出的人物之一。铁木真少年时代历经磨难，练就一身过人的武功和英勇无畏的性格。他深沉机智有大略，于 1206 年建立大蒙古国。在他的率领下，攻金国，打南宋，灭西夏，狂飙席卷，战无不胜。蒙古铁蹄从中亚细亚踏到了多瑙河和巴格达，他们留给欧亚大陆的是一个个"黄祸"的噩梦。

（4）再造盛世——康熙大帝玄烨。康熙大帝爱新觉罗·玄烨是大清最有作为的皇帝，也是中国历史上盛世明君之一。他八岁登基，十四岁亲政，在位六十一年，是中国历史上在位时间最长的皇帝。他大智大勇，除鳌拜，平三藩，收复台湾，三征葛尔丹，平定漠北，亲征雅克萨，打败俄罗斯，稳定疆域，整饬吏治，广揽人才，重农贵粟，勤勉好学。

（5）熙宁变法 争议不休——北宋名相王安石。王安石，北宋神宗时名相。这位不甘寂寞的政治家，领导一场轰烈和悲壮的熙宁变法，从此这位勇士独撑大旗步入历史漩涡，成了历史上最受争议的人物。变法之前，王安石被誉为"当世圣人"，变法后，司马大骂其为欲谋朝篡位的大奸臣；后来的宋徽宗对王安石推崇备至，而到了宋钦宗那里，竟成了北宋灭亡的魁首。作为文人的王石安，中国人妇孺皆知，而作为宰相，却争议不休，原因何在？

（6）文胆武略 官场楷模——清代名相曾国藩。清代名相，也是个清官。他步入仕途后，曾十年七迁，三十七岁当上二品京官。他奉行"立言、立功、立德"。立言，他著述、家书、日记，广为流传；立功，他挽救了大清朝；立德，他事事以身作则。因此，他除了"一品侯"头衔之外，还有"中兴第一名臣""洋务运动领袖""圣贤""近代史之父"等称谓。曾国藩一生是极其成功的，名誉、地位，别人所有的，他皆有，别人没有的，他也有。他成了毛泽东唯独佩服的人物，成了蒋介石心中完美的老师形象。

（7）百家宗师 千古武圣——军师鼻祖姜子牙。非常之人，必有非常之际遇。前半生怀才不遇，穷困潦倒，七十多岁仍一事无成；后半生得遇明主，大展宏图，伐商灭纣，兴周八百年之基业。这就是被后人奉为神祇的历史巨人——姜子牙。他追往古而知来今，通古今之变，知胜败之势，晓民众之意，精文武之道，操攻取之术，为文王、武王之师，倾商立周，兴周盛齐，救民于水火，为后世开创了吊民伐罪，恩及百姓的范例。百世而下，被尊为武圣，太公兵家宗师，堪称当之无愧的千秋军师第一人。

（8）智士能臣 千古奇人——先秦范蠡。先秦杰出谋略家，罕见的智士能臣。初，越王执意伐吴，未听范蠡劝阻，险些丧命。吴国三年，范蠡伴君处虎狼之中，石室忍辱，尝便献忠，为范蠡计谋，才保越王不死。事君复国兴越，苦身深谋二十年，兴师伐吴，让越王报了仇。待越王大宴群臣之时，看破"兔死狗烹"之局，毅然辞国相、大将军之官，退隐东海之滨，治产业，力经商，十九后中三致千金，成了巨贾，名扬天下，令同代人望尘莫及，也叫后人难继项背。范蠡，可谓家事、国事、天下事，无不精通，于从政，于从商，总是得心应手，堪称千古奇人。

（9）羽扇纶巾　智多巨星——蜀汉军师诸葛亮。他是军事战略家，运筹帷幄，决胜千里。他神机妙算，奇策泉涌，智谋纵横，出神入化。如隆中妙对，巧借东风，赤壁之战，巧取四郡，奇袭荆州，六出祁山，七擒孟获等，无不闪其智慧的光辉。诸葛亮，又是安邦治国的政治家。作为一代名相，他奉行法制，助刘备安抚百姓，示仪轨，约官职，从权制，开诚心，布公道，德威并举，儒法并用，为蜀汉政权的建立和巩固做出了不朽贡献。

（10）乱世英杰　一代兵神——吴国名将孙武。春秋时期，诸侯争霸，群雄逐鹿，一代兵圣孙武，隐居于山野，闭门研读兵法。伍子胥慧眼识人才，向吴王大力举荐。兵神横空出世，率三万吴军五战五胜，大破十余倍的楚军，楚昭王落荒而逃，孙武之谋，西破强楚，北威齐晋，南服越人，最终看破名利，飘然而去。一部《孙子兵法》更令孙武之名万古长青，成为中华文化史上最为绚丽的军事艺术之花。不仅照亮了中华兵学的长空，更突破了传统，走向了社会各个层面的文明：经济、哲学、医学、体育、文学，都被孙武的人生智慧刻画了或深或浅的烙印，并为世界军事艺术作出了重大贡献。

（11）半百授衔　中兴名臣——清代名将左宗棠。他的前半生可谓碌碌不得志：读读闲杂文章，做幕僚，出主意，代替主人写奏章，回老家募兵筹饷。他的机遇来自乱世兵荒，五十岁是个起点。另组湘军，初显锋芒；追剿义军，小败大胜，官衔越来越高，手下难免鲜血横流，所以人称"左剃头"。他志坚、性刚，老而弥辣，身为洋务派先驱，他整海防，肃军纪，办船厂，发动民众，保家卫国，在中国近代史上留下浓墨重彩之笔。

（12）"万里海疆赖汝平"——抗倭名将戚继光。戚继光，明朝抗倭名将。明嘉靖三十四年，他被调防到倭患最为激烈的浙江前线，要求将士必须学习武艺，提高全军战斗力。这支经过言传身教、纪律严明的"戚家军"，迅速成长为抗倭寇的主力：血战合州城，设伏上峰岭，千里援福建，短短数年，便将东南的倭贼消灭殆尽，大壮了我中华国威，成为抗击侵略、流芳千古的民族英雄。值得一提是，戚继光不仅创作了多部有价值的军事理论著作，在实践中，还发明了一些克敌制胜的武器。

4）中国古代名言警句知识

（1）大直若屈，大巧若拙，大辩若讷。《老子》

（2）不积跬步，无以至千里。《荀子·劝学》

（3）锲而不舍，金石可镂。《荀子·劝学》

（4）博学之，审问之，慎思之，明辨之，笃行之。《中庸》

（5）临渊羡鱼，不如退而结网。《淮南子·说林训》

（6）读书百遍，其义自见。（西晋）陈寿《三国志》

（7）非淡泊无以明志，非宁静无以致远。（三国）诸葛亮《诫子书》

（8）读书破万卷，下笔如有神。（唐）杜甫《奉赠韦左丞二十二韵》

（9）业精于勤荒于嬉，行成于思而毁于随。（唐）《韩愈·进学解》

（10）黑发不知勤学早，白首方悔读书迟。（唐）《颜真卿》

（11）知人者智，自知者明。《老子》

（12）满招损，谦受益。《尚书·大禹谟》

（13）高山仰止，景行行止。《诗经·小雅·车辖》

（14）高岸为谷，深谷为陵。《诗经·小雅》

（15）他山之石，可以攻玉。《诗经·小雅·鹤鸣》

（16）从善如登，从恶如崩。《国语》

（17）尺有所短，寸有所长。《楚辞·卜居》

（18）十年窗下无人问，一举成名天下知。（元）高明《琵琶记》

（19）非学无以广才，非志无以成学。（三国）诸葛亮《诫子书》

（20）曲则全，枉则直。《老子》

（21）言之无文，行而不远。《左传》

（22）尽信书，不如无书。《孟子·尽心下》

（23）其曲弥高，其和弥寡。《宋玉·对楚王问》

（24）皮之不存，毛将焉附。《左传》

（25）穷则独善其身，达则兼济天下。《孟子·尽心上》

（26）吾生也有涯，而知也无涯。《庄子·养生主》

（27）青，取之于蓝，而青于蓝。《荀子·劝学》

（28）受任于败军之际，奉命于危难之间。（三国）诸葛亮《出师表》

（29）山不厌高，海不厌深；周公吐哺，天下归心。（三国）《曹操·短歌行》

（30）勿以恶小而为之，勿以善小而不为。（三国）刘备

（31）捐躯赴国难，视死忽如归。（三国）曹植《白马篇》

（32）橘生淮南则为橘，生于淮北则为枳。《晏子春秋·内篇下》

三、实验后期

1. 后测试卷制作及发放

在所推送移动知识资源范围基础之上，设计后测数据问卷，并发送给测

试群体作答。题目如下：

题目一：名词解释

i.辩证法　ii.哲学　iii.智慧　iv.工具理性　v.唯物主义

题目二：人物简介

i.成吉思汗　ii.王安石　iii.范蠡　iv.汉武帝刘彻　v.玄烨

题目三：社交礼仪使用

i.生活中常用的言谈礼仪有哪些？

ii.生活中常用的敲门礼仪有哪些？

题目四：填空题

i.大直若屈，_____，大辩若讷。

ii._____，无以至千里。

iii._____，金石可镂。

iv.业精于勤荒于嬉，_____。

v.黑发不知勤学早，_____。

vi.高山仰止，_____。

vii.从善如登，_____。

viii.十年窗下无人问，_____。

ix.曲则全，_____。

x.其曲弥高，_____。

2. 后测数据收集及接受度分析

通过对控制实验组 28 人前后数据比对发现，成绩呈现上升趋势的为 22 人，占总比重的 78.6%；成绩下降趋势的有 4 人，占总体比重的 14.3%；成绩恰好持平的有 2 人，占整体比重的 7.1%，如图 6-6 所示。

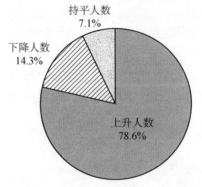

图 6-6　移动知识服务接受分布图——接受状态分布图

相较移动服务推送前总分 810 分，平均 28.93 分，移动服务推送后总分为 1008 分，平均 36 分，提升幅度比较明显，如图 6-7 所示。

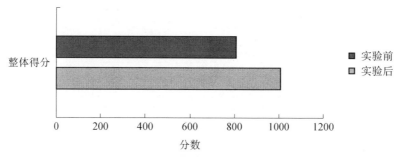

图 6-7　移动知识服务接受分布图——分数对比图

为了更好地体验移动知识推送接受度效果，本实验选择 10 个交互性良好的样本（为避免在推送过程中有部分学生因假期原因而换号带来移动知识接受延迟，所以样本数据均为省内学生，进行推送知识的连续性接受状态）数据进行再比较。如图 6-8 所示，整体仍以后测数据优于前测数据为主体，且后测 35 分以上 6 人，占整体 60%，较前测数据有了明显提升。

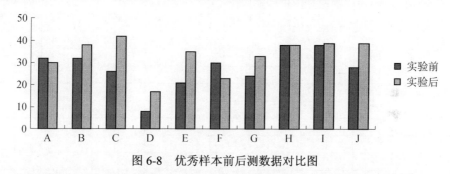

图 6-8　优秀样本前后测数据对比图

通过以上整体升降趋势数据可以从中明显得出，所推送知识被接收者接受状态良好，具体数据可详见表 6-2。

表 6-2　前-后测数据对比表

编号	前后	题目一　各题得分					题目二　各题得分					题目三		题目四		总分	状态
		1	2	3	4	5	1	2	3	4	5	1	2	1	2		
01	前	2	0	2	2	1	2	1	1	0	0	4	2	4	2	23	
02	前	2	1	3	2	3	1	1	2	1	0	5	4	3	0	28	↑
	后	3	3	3	0	3	3	3	3	3	3	5	5	8		45	
03	前	1	0	2	2	1	3	3	3	3	2	4	4	5	2	35	

续表

编号	前后	题目一 1	2	3	4	5	题目二 1	2	3	4	5	题目三 1	2	题目四 1	2	总分	状态
04	前	2	2	3	1	1	1	2	3	3	1	5	0	4	4	32	↑
	后	3	3	3	0	3	1	3	0	3	1	5	4	8		37	
05	前	0	0	0	0	0	1	1	1	0	1	4	5	2	0	15	
06	前	2	2	1	2	2	1	2	2	3	2	4	4	5	2	34	↑
	后	3	0	0	3	3	3	2	2	0	3	5	5	6		35	
07	前	1	1	1	0	0	3	3	0	3	3	4	2	4	2	27	
08	前	2	2	1	0	2	3	3	3	3	1	5	5	4	2	36	↓
	后	0	0	3	0	0	3	3	3	3	0	5	5	0		25	
09	前	2	1	1	2	3	1	1	2	2	2	5	5	2	2	31	
10	前	2	0	1	0	1	1	2	3	2	3	2	2	4	4	27	↑
	后	3	3	3	3	3	3	3	3	3	3	5	5	10		50	
11	前	1	1	2	2	2	3	2	1	0	2	5	5	2	2	30	
12	前	2	0	1	1	1	2	2	2	0	1	5	5	2	2	26	↑
	后	3	2	2	2	0	3	2	0	3	3	5	5	10		40	
13	前	2	0	1	2	0	1	1	1	3	2	4	4	2	2	25	
14A	前	2	2	3	1	2	1	1	1	3	1	4	2	5	4	32	↓
	后	1	1	2	3	3	3	1	0	0	3	5	4	4		30	
15	前	2	0	0	2	2	1	1	3	2	2	5	4	2	2	30	
16B	前	2	1	2	2	2	2	2	3	1	2	5	2	4	2	32	↑
	后	1	3	1	3	3	3	2	0	3	2	5	5	7		38	
17	前	2	2	2	3	2	3	3	3	2	0	4	4	2	2	34	
18C	前	3	0	1	1	2	1	1	1	1	1	5	5	2	2	26	↑
	后	2	3	3	0	3	3	2	2	2	2	5	5	10		42	
19	前	1	1	0	2	1	1	1	1	1	0	2	2	4	2	19	
20	前	2	0	2	1	1	2	2	3	2	1	5	2	4	0	27	↑
	后	2	2	2	2	3	2	3	2	3	2	5	5	5		38	
21	前	3	3	3	1	2	3	3	3	2	3	2	5	5	0	38	
22D	前	0	0	0	0	0	0	3	1	0	0	0	0	2	2	8	↑
	后	2	0	2	0	0	2	0	2	0	0	5	0	4		17	
23	前	0	0	0	1	2	0	1	0	0	0	4	4	0	0	12	
24	前	1	0	0	0	2	3	3	3	3	3	2	5	4	4	33	↑
	后	3	3	3	3	3	3	3	3	3	3	4	2	3		39	
25	前	1	0	2	2	1	3	3	3	3	1	5	2	5	5	36	
26	前	1	0	0	2	2	2	1	1	0	1	4	0	2	2	18	↑
	后	2	0	2	1	3	2	1	0	0	2	2	2	4		24	
27	前	3	2	1	1	2	1	3	2	3	2	4	4	4	2	34	
28E	前	1	0	0	2	1	3	3	1	0	1	5	2	2	0	21	↑
	后	2	2	2	0	3	2	2	1	2	3	5	5	6		35	

续表

编号	前后	题目一					题目二					题目三		题目四		总分	状态
		1	2	3	4	5	1	2	3	4	5	1	2	1	2		
29	前	2	2	2	2	1	3	2	1	1	2	2	5	2	2	29	
30	前	2	0	1	2	3	3	3	2	2	1	4	4	5	2	34	↑
	后	3	3	3	3	3	3	3	3	3	3	5	5	10		50	
31	前	2	0	1	1	0	1	3	2	2	0	4	4	2	5	27	
32F	前	2	2	1	2	1	1	1	1	1	1	4	5	4	4	30	↓
	后	0	1	2	0	1	1	2	1	0	1	5	4	5		23	
33	前	2	0	1	2	2	1	1	1	1	1	5	4	5	0	26	
34G	前	3	1	0	2	1	1	1	1	1	3	4	0	4	2	24	↑
	后	2	2	2	0	2	3	2	3	0	2	5	5	5		33	
35	前	2	0	2	3	3	3	3	1	1	1	5	2	0	0	27	
36H	前	3	1	1	2	3	3	3	3	3	3	5	4	2	2	38	=
	后	3	3	3	0	3	3	3	2	3	3	5	2	5		38	
37	前	3	2	2	2	2	3	2	1	3	1	5	5	4	4	39	
38I	前	2	2	2	2	2	3	1	2	3	1	5	5	4	4	38	↑
	后	3	3	3	0	3	3	3	0	3	3	5	3	7		39	
39	前	1	0	2	2	1	3	3	2	2	2	5	5	4	2	29	
40J	前	1	0	1	2	2	3	2	2	2	3	2	4	2	2	28	↑
	后	3	0	0	0	3	2	3	3	3	3	5	4	10		39	
41	前	2	1	1	2	2	3	3	2	3	3	5	5	2	2	36	
42	前	2	2	1	2	2	3	3	1	1	2	4	5	4	4	36	↑
	后	3	3	0	3	1	3	3	3	3	3	5	3	9		42	
43	前	1	0	2	2	1	3	3	3	3	3	5	5	4	4	39	
44	前	1	0	1	1	2	1	3	2	1	2	5	5	4	4	32	↑
	后	2	2	3	0	3	3	2	2	3	2	5	5	10		42	
45	前	1	0	2	2	1	3	2	1	3	3	5	4	5	4	36	
46	前	2	0	1	3	2	1	1	1	1	2	1	4	2	2	23	↑
	后	2	2	2	0	2	1	1	0	2	3	3	2	10		29	
47	前	0	2	1	0	2	3	3	3	3	0	5	0	5	5	32	
48	前	2	1	2	1	1	3	3	3	3	3	4	5	5	5	36	↓
	后	3	2	2	0	2	3	3	0	3	0	5	4	3		30	
49	前	2	0	0	1	1	3	2	3	0	0	5	2	5	2	26	
50	前	2	0	1	2	2	2	2	1	2	2	5	5	2	2	30	=
	后	2	1	2	2	2	1	1	2	1	1	5	5	5		30	
51	前	1	0	1	2	2	2	1	1	3	2	2	4	2	2	25	
52	前	2	0	1	2	2	1	2	1	1	1	5	4	5	4	31	↑
	后	3	3	3	3	3	0	3	3	3	3	5	5	9		46	

续表

编号	前后	题目一					题目二					题目三		题目四		总分	状态
		1	2	3	4	5	1	2	3	4	5	1	2	1	2		
53	前	1	3	3	2	3	3	0	1	2	1	4	5	5	5	38	
54	前	2	2	1	1	2	1	2	2	1	1	3	2	2	3	25	↑
	后	3	3	0	0	3	0	3	3	0	3	5	4	7		34	
55	前	1	0	0	1	0	1	1	1	1	0	4	4	2	2	18	
56	前	2	2	1	1	2	1	2	2	1	1	3	2	2	3	25	↑
	后	2	3	3	0	3	2	2	0	3	3	5	5	7		38	

3. 满意度调查问卷制作及发放

《移动知识推送服务调查问卷》共包括九个题目，具体内容主要包含以下几个方面：

（1）移动推送知识内容对接收者知识面扩展帮助能力调查。选项共包含很有帮助、有些帮助、没有感觉、没有帮助、早就拒绝了等五个基本选项，以期通过参与群体的主观感受，评判移动服务满意度。

（2）移动学习过程提升日常学习热情的调查。选项包括愿意主动学习、产生一些兴趣、还是老样子、更讨厌学习了等四个选项，以期通过对参与群体主观感受的信息收集，判断移动学习知识推送服务对学习热情的辅助提升能力，进一步评判移动服务的满意度。

（3）移动学习推送知识对学习提升帮助度调查。共包含社交礼仪、中国古代名言警句、马克思主义哲学基础名词（考研、公务员必学）、中华历史名人简介等四个选项，单项选择题。通过调查结论，可以初步判断出推送内容的接受程度，并可以通过接受度排序实现推送知识内容的排序。

（4）移动学习推送知识喜欢板块调查。共包含社交礼仪、中国古代名言警句、马克思主义哲学基础名词（考研、公务员必学）、中华历史名人简介等四个选项，单项选择题。通过调查结论可以判断出实验对象对接收内容的喜好度分析。

（5）仍还想要继续接收板块的知识内容多选。共包含社交礼仪、中国古代名言警句、马克思主义哲学基础名词（考研、公务员必学）、中华历史名人简介等四个选项。通过调查结论，可以在判断参与实验人群满意度调查的基础上，实现对推送内容重要性排序。

（6）个性定制意愿判断。移动服务未来的发展方向一定是信息用户个性化的满足，在本次移动学习推送过程中，虽然实现了群体需求的定制过程，但仍未实现完全的个性化操作过程。因此通过此题调查，可以判断出信息用户对个性化需求的渴求状态。

（7）愿定制知识内容多选。在前期信息用户需求抽样访谈基础上，共设计选项四个，分别是国外名人名言精选、英语四级必考的 60 个词汇、图书馆学专业知识、其他。以期通过调查结论，在判断信息用户渴求度的基础上，对后续移动服务内容提供参考。开放题共设计两个，其一"根据您的学习体会，对应以上板块的知识内容分别给予一定的建议"，其二"为更好地为您提供知识服务，请谈谈您对移动知识推送的意见及建议"。

4. 满意度调查问卷收集及数据统计

针对控制实验组人数，共发放问卷 30 份，有效回收问卷 30 份。问卷数据统计结果如表 6-3 所示。

表 6-3　移动知识推送满意度调查问卷统计数据表

编号	题 1	题 2	题 3	题 4	题 5	题 6	题 7
1	B	B	A	A	AB	yes	BC
2	B	B	A	D	AD	yes	D
3	B	B	A	A	AC	yes	BC
4	B	B	A	A	AD	yes	B
5	B	B	A	B	ABD	yes	C
6	B	B	A	C	ABCD	yes	ABC
7	B	B	C	A	ACD	yes	BC
8	A	A	C	B	D	yes	AC
9	A	A	A	A	D	yes	ABCD
10	B	A	C	A	ACD	yes	B
11	B	A	C	A	ACD	yes	B
12	A	B	C	A	B	yes	B
13	B	B	C	C	CD	yes	BC
14	B	B	B	A	BC	yes	CD
15	A	A	A	B	ABCD	yes	ABC
16	B	B	A	D	AD	yes	BC
17	B	B	A	A	ABC	yes	BC
18	B	B	C	C	C	yes	ABC
19	A	B	A	D	D	yes	AB
20	B	B	C	D	CD	yes	BC
21	B	B	B	A	ABCD	yes	ABC
22	A	B	A	A	ABCD	yes	C

续表

编号	题1	题2	题3	题4	题5	题6	题7
23	A	B	A	C	AC	yes	BC
24	A	A	B	D	ABCD	yes	ABC
25	B	B	A	B	C	yes	ABC
26	A	B	C	A	AC	yes	B
27	A	B	A	D	D	yes	A
28	A	B	A	D	D	yes	AB
29	B	D	A	A	A	yes	A
30	B	A	C	A	ABCD	yes	ABC

第 7 题定制内容包括百科知识、计算机知识、文章推荐、论文推荐、公务员知识、考研究生知识、学科专业知识、经典语录、就业指导、职场礼仪、节气风俗、英语知识、国家大事、生活小常识。

第 8 题对于社交礼仪板块的意见及建议：加入情境模式、增加礼仪范围（职场礼仪内容、古今中外礼仪）、增加礼仪知识内容的推送量；对于古代名言板块的意见及建议：增加国外名人名言、可以用英语及其他语言进行推送、名人名言的历史背景、激发人奋进的内容、增加推送条数/少些推送；历史名人板块意见及建议：也可推送有启示的小人物、增加与专业领域发展相关的名人、对历史或学术发展有重大贡献的人物、多加入其相关事迹及故事；马哲名词板块意见及建议：体现名词在考试中出现的频次、推荐真题、增加马哲领域当今发展变化的热词新词、减少推荐量。

第 9 题对于移动知识推送的意见及建议：

（1）进行非学习类知识推送、丰富其内容、增强其吸引力；

（2）增加交流内容，兴趣内容可以讨论互动；

（3）紧密结合学习需求及时推送，如在全国大学英语四六级考试前多推送英语内容；

（4）与其他媒体相结合推送，如 QQ、微信；

（5）定期进行移动推送总结、征求需求意见；

（6）增加推送内容（多语言推送相同内容、古诗词的生僻字、法律知识、异国风情文化、就业知识）。

5. 满意度调查问卷分析

题目一中"您认为移动推送知识的内容对您知识面扩展有帮助吗？"其中，选"A.很有帮助"11人，"B.有些帮助"为19人，即100%控制实验组群体认为移动知识推送服务对其知识学习存在帮助作用。

题目二中"通过移动学习过程,是否同时提升了您日常学习的热情?"选择"A.愿意主动学习"为 7 人,"B.产生一些兴趣"为 22 人,"C.还是老样子"为 0 人,"D.更讨厌学习了"为 1 人,可以通过数据分析得出,96.7%的接收者通过移动知识推送服务过程,对学习产生了兴趣。

题目三中"哪个知识板块对您帮助最大?"选择"A.社交礼仪"为 17 人,"B.中国古代名言警句"为 3 人、"C.马克思主义哲学基础名词(考研、公务员必学)"为 10 人、"D.中华历史名人简介"为 0 人。可以分析得出,信息接收者对于知识的选择目的性比较明显,功利性比较强烈。虽然在前测数据分析中可以发现实验群体的中国文化知识存在缺失,并且加大了推送数量,但此部分内容因实用性相对较低,而不受到接收者的热衷。简单表述为"帮助大"="应用性强"的知识。

题目四中"哪个知识板块您最喜欢?"选择"A.社交礼仪"为 14 人,"B.中国古代名言警句"为 4 人,"C.马克思主义哲学基础名词(考研、公务员必学)"为 4 人、"D.中华历史名人简介"为 8 人。与题目三分析结论相似,应用性明显的知识比较受到欢迎,但对于理解难度较大的知识内容,如马哲名词,即便受到考试等功利性因素驱动,但因其枯燥性,也不会更加受到接收者的欢迎。知识的趣味性、易读性也成为影响推送效果的重要因素。简单表述为"最喜欢"="不枯燥"的知识。

题目五中"您还想要继续接收哪个板块的知识内容?可多选"选择"A.社交礼仪"为 19 人,"B.中国古代名言警句"为 11 人、"C.马克思主义哲学基础名词(考研、公务员必学)"为 18 人,"D.中华历史名人简介"为 20 人。与推送前访谈调研所得结论基本一致,四个板块的内容都存在较明显的需求。60%以上的信息接收者还是愿意通过移动知识推送学习提升自身的知识储备、文化素养。简单表述为"愿意接受"="能够有提升"的知识。

题目六"如果可以个性定制,您愿意定制吗?"100%被调查群体均选择愿意答案。可以分析得出,信息接收群体对移动知识服务仍存在美好的期待。

题目七中"愿定制哪些知识内容?可多选"13 人选择"A.国外名人名言精选",23 人选择则"B.英语四级必考的 60 个词汇",20 人选择"C.图书馆学专业知识"。在定制知识选择面前,信息接收者的学习目的还是非常明确的。英语及图书馆学专业知识也将作为第二期推送实验测试主体内容进行建设。

题目八、九的意见及建议内容,能够充分体现出信息用户的个性化需求差异特点,但也能够体现出短信技术模式的缺点,如互动性不强、内容不够丰富多彩。对于知识资源提出的不同个性化需求，也将为二期实验提供资源建设方向。对移动推送服务模式，基本呈现出强烈需求、满意的状态。

第四节　实验结论及建议

一、实验结论

1. 接受度良好

通过移动知识推送服务控制实验组的前测与后测数据结果对比分析，可以发现信息用户对所接收信息的接受度较高。相比较之间的平均分状况，提升幅度明显，整体上升趋势明显。通过对结论数据的直观感知，能够发现信息接收者对所推送知识内容普遍感知其价值感明显。

2. 满意度良好

通过对控制实验组的后续满意度调查问卷数据统计可明显发现，信息接收者对移动知识推送服务满意度比较明显，对后续移动知识服务推送渴求度明显，此次移动知识服务推送满意度良好。

3. 所构建模型服务效果良好

通过实验过程及实验接受度、满意度的调查，可以发现本书所构建的模型可操作性强、服务效果良好，主要验证了以下构建内容的合理性：第一，在移动服务信息资源建设过程中，应改变传统图书馆的资源选择主体思想，转化为以信息用户为导向的资源选择模式；第二，在移动服务建设过程中，应变传统图书馆被动服务模式为主动服务模式，且适度对信息用户进行心理驱动，提升服务的需求度，进而扩大移动服务的辐射面；第三，在移动服务技术模式选择过程中，嵌入性明显、接收度高、和信息用户捆绑性强的技术模式，可以作为主要模式。

二、实验建议

1. 经验与问题

在实验过程中，确实也出现了很多难以预料、需要应急解决的问题。首先，SMS 服务受外部环境制约明显。在实验操作前期，拟定推送实验群体人数多达 50 人，受中国移动飞信业务与中国联通不兼容的原因，最后圈定的推送人数减少为 31 人；在移动知识推送过程中，受部分实验对象手机遗失、手机欠费被注销等因素影响，最后使得实际参与后测试卷人数为 28 人；受假期双手机号码使用，而导致信息接收延迟影响，部分实验对象学习内容虽未发生改变，但学习时长发生改变，因此本实验又选择十个典型样本进行对比分析，以保证结论的准确性。其次，多媒体资源推送困难，在通过短信技术模式进行移动知识服务过程中，受短信息容量及推送媒体限制，仅能局限于文字推送，多媒体资源推送难度较大。以娱乐性需求为主体的人群，所推送内容的满意度会相应降低。

2. 经验与建议

在移动知识推送过程中，应多渠道融合发展，开发各种应用程序，配套各种技术手段，给予信息接收者选择空间，开展多渠道结合阅读服务；在移动知识推送过程中，可以建立共享知识社区，换推送主体个人服务模式，为共享服务模式，不但能够扩宽服务内容，也能够适度降低移动推送主体的工作强度；开展个性化服务、定制服务，能够迎合更多信息接收者的特殊需求，能够更有效的提升信息用户的满意度；在实验操作的过程中，应具备较强的突发事件处理能力，进行各种预案设计。

第五节 本 章 小 结

为了更好地验证第五章所构建模式的可行性、价值性、接受度、满意度，本章特进行移动知识推送实验操作。在正式实验操作之前，先借鉴、参与了中国移动文化知识推送案例，进行移动知识推送技术及思维的方向性定位；在非正式学习理论、情境认知理论、马斯洛需求层次理论等理论的指导下，构建了移动知识推送实验模型，模型选取本书第六章中，用户导向型信息资源建设定位、驱动型信息服务建设定位及短信技术模式进行实验操作的完整策划。

实验从准备到收尾，进行一年有余，参与人数达 160 余人。实验前期，进行了实验人群样本的圈定、抽样访谈确定知识推送内容、制作用户需求导向的测试知识数据（社交礼仪类知识 27 类、中国古代名言警句 500 条、马克思主义哲学知识 101 条、马克思主义基本原理知识 84 条、中华历史名人简介 80 条）、制作及发放前测试卷、前测数据收集及分析等大量工作。实验中期，进行了移动推送服务规划、两次心理驱动过程、借鉴普通高校本科教学周期 20 周知识量的 140 条知识的日推送操作等大量工作。实验后期，进行了后测试卷制作及发放、后测数据的收集及分析、满意度调查问卷制作及发放、满意度调查问卷数据收集及分析等大量工作。

从实验结论来看，实验操作证明了所构建模型具有可操作性，且接受度良好、满意度良好、所构建模型服务效果良好，所构建模型具有价值性。同时，也针对试验中所发现的问题给予了一定的建议。以期对二期服务推送有所助益，对相关服务提供者提供借鉴。

第四部分

图书馆系统外共享移动
服务模式构建

第七章

图书馆移动服务共享模式构建

竞争无处不在，合作却是永恒的主题。图书馆在新的信息环境下必然要参与竞争，但同时也将面临与竞争对手之间的紧密合作，通过合作来达到一种共发展的模式。图书馆拥有丰富的数字资源，并具有存储、组织、检索和利用这些资源的能力，通过提供服务来满足特定用户群的需求。经过十多年的发展，图书馆被广泛应用于众多领域，服务于多元用户，且能完成越来越复杂的任务[①]。新媒体融合背景下，数字内容提供商、信息服务提供商将迎来蓬勃发展的生机，图书馆的竞合对象也必然要增多，图书馆要在复杂的竞争环境下发展，就有必要对将与图书馆进行竞合的主体做全面的分析，并进行准确的自身定位。

一、图书馆竞合对象分析

了解竞合对象特点，化竞争状态为合作状态是图书馆该探索的出口。目前可分析出的图书馆的现实竞争对象有：①以第三媒体为主导的有线电视所包含的信息内容。有线电视从产生至今培养了大批忠实用户，绝大多数老年人、青少年是其中的重要群体。随着三网融合，有线电视网所提供的知识性信息服务内容必定成为图书馆的重要竞争对象。②第四媒体中的数字图书馆及网络信息检索系统。第四媒体主要是指互联网，在第四媒体的信息使用中，百度、谷歌类信息检索系统早已培养了大批忠实的用户，其被使用频度早已

① 何大庆. 多语言信息资源与技术在数字图书馆中的应用[J]. 图书情报工作，2011，（1）：5.

超越图书馆而遥遥领先。③以手机为主要代表对象的第五媒体信息提供商。手机是到目前为止所有媒体形式中最具普及性、最快捷、最为方便并具有一定强制性的媒体平台，开展了以手机报服务为代表的信息内容服务，培养了大批的信息用户。④信息用户，随着绝大多数信息用户所掌握的信息资源数量迅速扩大，用户之间聚类成了各种信息传输的群体，无形中使得部分信息用户对其他媒体的信息需求量呈现出了减少状态。

二、图书馆竞合优劣势分析

优势体现在，第一，图书馆有着先天的资源优势，图书馆的信息资源内容是人工地按照用户需求进行挑选的高价值知识内容，其资源数量庞大、分类科学规范、系统性强符合知识产权法律规范，在正确的技术防控条件下可实现长期保存。第二，图书馆在信息服务上优势也很突出。图书馆中所提供的检索系统的检索性能较高，能满足用户多角度的信息检索需求。图书馆也开展了各种类型的个性化信息服务，能较好地满足个性化需求。

劣势体现在，图书馆竞合劣势也是资源和服务两个层面：从资源角度看，图书馆的信息资源专业性较强，受众群体有限，类型以文字型为主体，娱乐性、新闻性较弱，与用户的互动严重缺乏，使用价格相对较高；从服务层面看，用户需要一定的使用技能，不同图书馆间信息服务规则不统一，会员制及电子商务服务模式严重影响了用户的使用行为。

第一节　全媒体竞合共享模式

一、信息资源全媒体竞合模式

图书馆的信息资源优势是与其他媒体信息竞争过程中的决定性因素，也是与其他媒体合作的最坚实基础。

1. 以主导专业信息资源上传的控制权为主体[①]

如图 7-1 图书馆资源库主体部分所示，图书馆专业信息资源无法替代性明显，在三网融合各资源商竞合过程中，可以将专业信息资源的建设做强做大：

---

① 李菲，徐恺英，常改. 三网融合视阈下数字图书馆竞合发展模式研究[J]. 情报理论与实践，2012，02：30，52-54.

第一，应保持专业信息数量上、质量上的优势，取得学术领域信息上传的主导权、控制权，从而保障原有用户群体的稳定及潜在用户群的显性使用。第二，做好专业信息资源的系统化建设。系统化资源建设有利于信息用户的自我教育，为信息用户便捷使用提供了保障。第三，做长期保存预案。图书馆与其他内容提供商明显不同之处在于，图书馆不仅具有信息传递功能，同时肩负着保存人类文化遗产的职能。因此，图书馆应做好数字信息的长期保存工作，成为新媒体融合环境下的最终资源库、最大资源库。

2. 以建设分众需求多媒体信息资源库为左翼

如图 7-1 图书馆资源库左翼所示，全媒体融合后的信息资源主体形态必定是多媒体信息，图书馆应顺势而为，将多媒体信息资源的建设放在重要的战略位置。在图书馆多媒体信息资源建设过程中，应抓准部分分众信息需求建设专门多媒体信息资源库。在专门多媒体信息资源库建设过程中，应结合分众用户对其他媒体的资源需求特点，采取合作方式进行信息资源的共建共享，以最大限度地满足用户对多媒体信息的需求。

3. 以建设满足个性互动化需求信息资源库为右翼

如图 7-1 图书馆资源库右翼所示，信息资源是为信息用户服务的，信息用户对信息资源的需求及走势拥有绝对的控制权。用户除共性行为外，更多的是个性行为、分众行为。随着三网融合，用户的即时分享成为可能，镜众传播理论的基础上，图书馆完全可以发挥信息用户的个性化信息行为，引导信息用户群进行信息自组织、自传播过程，最大限度地发挥用户的能动创造性，将信息用户引导成为信息资源建设者。图书馆整合的、信息用户自建的个性的互动化的信息资源库也必将受到信息用户的选择。

二、信息服务全媒体竞合模式

信息资源是图书馆的基础，信息服务是展示图书馆基础的窗口。图书馆的发展离不开信息资源的建设，也同样离不开信息服务的建设。

1. 建设强大的跨平台检索功能

如图 7-2 跨平台信息检索系统所示，全媒体融合带来的最大挑战就是信息资源的爆炸式增长、信息资源的无组织状态、信息类型的繁杂多样，这就对信息检索系统提出了更高的要求。图书馆的信息检索系统建设应实现对跨平台分布式、异构信息资源的调度；支持对不同描述方法的数字对象的查询与

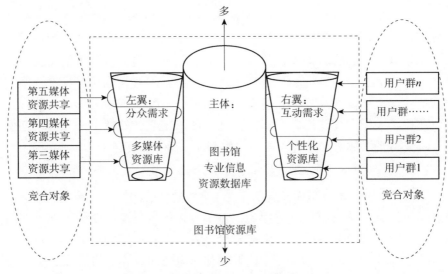

图 7-1 图书馆资源全媒体竞合发展模式图

检索；实现对超大容量数据库的快速检索；提供多语言信息检索；强大的信息整合能力；人工智能功能[①]。

2. 建设全覆盖的信息导航地图

如图 7-2 全覆盖导航系统所示，图书馆建设全覆盖的信息导航地图能够实现对信息资源的无限拓展，同时，也可以协助信息用户更快捷地从信息海洋中获取所需要的信息资源，成为人们快速进入融合后的网络导航员。全覆盖的信息导航站点应是以知识为单元对网上相关资源节点进行搜寻、评价、归类、进行语义组织，实现对不同信息需求描述的清晰理解，最终以便利用户检索利用资源为宗旨而建立起来的专业站点。

3. 开展分众群体信息服务

如图 7-2 分众群体特色服务所示，图书馆可以根据分众资源建设情况，建设满足分众群体信息需求的信息服务，协助信息用户更好地利用信息资源。除了传统的个性化定制服务、信息推送服务，更重要的应是分众群体的专家咨询服务及交流空间建设。信息交流空间的建立，有利于分众群用户之间的交流，建立和谐的信息获取氛围，维持分众用户群的稳定发展。

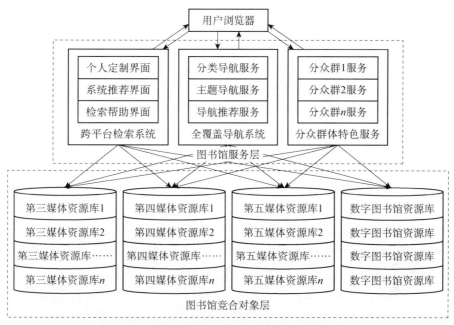

图 7-2　图书馆服务全媒体竞合发展模式图

第二节　商业运营共享模式

一、技术导向的合作模式

目前，各类型图书馆在移动服务的开展过程中，往往采用自主研发、联合开发、完全购买三种主要方式。其中，自主研发模式往往需要图书馆具有较高的技术条件和人力资源；完全购买模式，除一定的经济成本外，个性化需求往往难以满足。因此，与相关信息技术公司进行联合开发是比较合适的模式。例如，国家图书馆与歌华有线进行了合作开发，杭州图书馆与华数传媒等机构进行了合作开发。[①] 联合开发具有明显的优势特征，主要体现在合作伙伴体制完善、技术和管理能够与主流技术保持一致，而且在良好的合作关系背景下，能够按照图书馆移动服务的特殊需求而进行软件的设计和研发，能够很好地满足图书馆移动服务的个性化需要。但正如一枚硬币的两面性一样，任何优势的背后也必然存在一定的劣势。这种联合开发的合作模式也存

---

① 陈传夫. 图书馆资源公益性增值利用的优势、挑战与开发定位[J]. 图书与情报，2012，（2）：54-60.

在一定的风险，例如，若合作不顺利或者不成功，会导致软件建设工程的失败或者延期。在技术导向的合作模式运作过程中，要注意以下几个问题：第一，与合作伙伴合理分工，根据各自所长确定分工内容；第二，及时了解信息用户需求，建立通畅的信息反馈渠道；第三，注意资费收取标准，以符合各方对服务成本的预期；第四，做好建设系统的测试、推广工作。[①]

二、资源导向的合作模式

数据库商和网络出版商也在以另外的形式提供着移动服务[②]，如 Elsevier Health、Wiley、EBSCOhost Mobile、IEEE Xplore、Lexis Nexis、OCLC WorldCat、GoogleBooks。以 Elsevier 数据库和网络出版商以 APP 应用为主，推出各种适合 iOS 或 Android 系统的移动应用。以 Google 为代表的网络出版商则推出移动图书搜索界面，以满足手机用户查找图书信息的需求。OCLC 推出的 WorldCat Mobile 可以让信息用户对图书馆进行搜索，包括搜索图书馆的资料、查找附近的图书馆、使用手机上的定位功能查找去某图书馆的便捷路线、通过列表拨打电话给图书馆等。[③] 中国移动已建立移动阅读基地，还与中国出版集团、盛大集团等内容提供商展开合作，与中国国家图书馆、中国作家协会、中国编辑协会等官方机构进行合作。同时还联合华为、汉王等终端设备制造商，推出适应各种移动阅读类型的手机和移动终端。[④] 国内也出现方正阿帕比移动图书馆方案、书生移动图书馆方案、超星移动图书馆方案。

很多数据库商和网络出版商所建设的移动信息服务是专门为各图书馆制作的专业移动阅读平台，用户可在手机、Pad 等移动设备上自助完成个人借阅查询、馆藏查阅、图书馆最新咨询浏览，同时拥有超过百万册电子图书、海量报纸文章以及中外文献元数据供用户自由选择，为用户提供方便、快捷的移动阅读服务。产品主要特点包括：第一，与 OPAC 系统的集成，实现纸质馆藏文献的移动检索与自助服务。第二，与图书馆门户集成，实现电子资源的一站式检索与全文移动阅读。第三，与全国共享云服务体系集成，实现馆外资源联合检索与文献传递服务。第四，构建读者信息交流互动平台，实现公告信息发布与读者个性化服务定制。第五，订阅服务、集成 RSS 订阅功能，

---

① 董晓霞. 手机服务在图书馆的应用需求调查和部署方案研究[J]. 情报杂志，2010，08：174-177.
② 鄢小燕，张苏闽，谢黎. 基于移动阅读特征分析的图书馆移动服务思考[J]. 图书馆论坛，2012，05：93，130-133.
③ WorldCat.Find in a library on your mobile device[EB/OL] http: //www.worldcat.org/wcpa/content/mobile/ [2011-11-15].
④ 韦敏革，覃珍. 高校图书馆移动阅读服务探析[J]. 图书情报工作，2012，S2：184-187，193.

有效地为用户提供个性化信息服务。①目前，此类合作模式已经成为国内很多图书馆合作的主要模式之一。

三、营销导向的合作模式

产业化运作是图书馆迅猛发展的主要动力，也是全媒体融合时代信息资源发展的主体方式。第一，利用供应链联盟提升竞争优势。供应链联盟，是以供应链为合作基础的战略联盟。图书馆可以选择以下企业形成牢固的联盟：与资源提供商进行上游联盟；与网络媒体运营商、电信运营商、电视台等形成下游传播联盟。第二，开展组合产品价格策略。价格策略是指企业通过对顾客需求的估量和成本分析，选择一种能吸引顾客、实现市场营销组合的策略。信息用户在信息选择过程中，信息获取价格成为图书馆发展过程重要掣肘。图书馆有必要针对不同信息资源的价值进行合理定位。组合产品的价格策略采用异业联盟的方式推出套装产品，让消费者觉得物超所值。通过组合产品价格策略可以采用整体定价的方式，增强价格的吸引力。

第三节 "花园式" Living books 移动知识共享模式

一、Living books 及移动知识共享优势

图书馆不应该是一座有围墙的宫殿，而应该是一片开放的花园，每位信息用户不但享有对花园的欣赏权利，当然也应享有作为园丁对花园的建设权利。这样的共享不但能够扩充花园的花朵，满足了更多人的需求，而且能够带来更宝贵的知识服务。Living books②实质上就是以人为书，信息、知识的存储载体由原来的纸张、电子存储器转化为人脑，其功能与传统意义上的书籍一致，即传播信息、知识。这种服务方式通过信息用户与 Living books③之间利用图书馆移动信息服务系统进行基于移动终端的移动性、及时性、互动性的语音或视频交流，因此更容易碰撞出思想火花，获得从文献资源中很难获得的私人潜在知识。同时，由于 Living books 知识的差异性，就相同问题所产

────────

① 好搜百科. 超星移动图书馆[EB/OL]. http://baike.haosou.com/doc/6994070.html[2015-01-21].
② 李菲，徐恺英，孙岩，张超. 基于"Living books"的图书馆潜在知识转移模型构建[J]. 情报科学，2011，12：1889-1891.
③ 李菲，徐恺英，马克强，张超. 基于 Living books 的数字图书馆知识生态共享模型构建[J]. 图书情报工作，2012，11：28-31.

生的信息也不尽相同,所以 Living books 服务的信息量也相对较大。利用 Living books 移动服务有利于实现对 Living books 潜在知识的挖掘与转移,有利于展开嵌入信息用户需求的图书馆移动知识服务。

图书馆开展 Living books 移动服务具有两大明显优势——需求优势和资源优势。图书馆的需求优势主要是指具有固定的信息用户群体,对知识的渴望明显,思想开放、容易接受新鲜事物且愿意参与人际沟通,能够较好地参与 Living books 服务。资源优势主要来自三个方面:①图书馆中有大量的具有较高文化素质的专家读者群,使图书馆有稳定的 Living books 作为活动保障;②同时图书馆还具有在各个领域中都表现卓越的作者团队,可以利用这些优秀的作者充当 Living books,从而为知识的交流提供一个高层次的知识服务平台;③图书馆除储备各种形式的数字资源,也储备了宝贵的人力资源,这些 Living books 不但具备知识,而且具有较好的信息、知识组织能力,可以实现对 Living books 的潜在知识的显性化存储。

二、Living books 移动知识服务流程

移动 Living books 模型分为 Living books 资源建设和 Living books 知识转移服务两个模块。

1. Living books 资源建设模块

其中 Living books 资源建设模块与图书馆其他资源类似,均是图书馆发展所依托的重要组成部分。图书馆 Living books 资源建设主要分为知识采访、知识组织及知识存储三个部分。

(1)知识采访模块。图书馆主要实现对 Living books 的招募及筛选工作,此部分是移动知识服务成功的基础。为了更好地保证 Living books 的知识价值,图书馆应同时使用公告邀请和预约邀请两种方法来实现 Living books 的招募过程。其中,公告邀请招募的 Living books 具有知识源的主动转移特征,能保证 Living books 知识转移服务的开展;预约邀请招募,则能够保证知识转移具有较高的学术价值。为了能更好地实现知识转移,因此也有必要对 Living books 进行一定程度的筛选。

(2)知识组织模块。此部分主要包括登记和分类标引两个部分。由于 Living books 是种比较特殊的"书",是实实在在的载体,受人的思维和思想的多层次性的影响,所以很难充分挖掘,具有较高的隐藏性。因此,初步使 Living books 潜在知识的显化成为重中之重。在登记过程中,登记表主要应体现 Living books

的兴趣爱好、生活习惯、性格特点、可为信息用户移动服务的时间段和方式以及愿意谈论的话题等；在分类标引过程中，根据 Living books 登记的信息，图书馆人员就要利用专业知识和业务水平对这些分散的信息进行合理分类并加以标引。从图书馆服务对象现状来看，目前可以大致组织为三类，即学术交流类、生活经验类以及心理健康类，当然，不同图书馆根据服务对象的要求可以进行特色化 Living books 的组织标引。

（3）知识存储模块。在分类标引后，图书馆可以建立一个专门的 Living books 资源数据库。可按照 Living books 入馆日期流水号建立一个基本的顺排文档，同时按照不同的主题，建立倒排文档，以方便信息用户的检索，具体如图 7-3 所示。

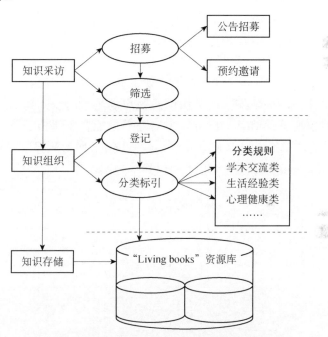

图 7-3　图书馆 Living books 知识资源建设模式图

2. Living books 知识转移服务模块

Living books 知识转移服务模块将 Living books 作为潜在知识资源出借，其服务的业务流程与传统服务相仿又不尽相同。在知识服务过程中，由于知识存储于人脑，因此受载体的性格、专业等因素影响较大，以致在知识转移过程中与传统服务相比具有较大的差异性。知识转移服务模块又包括三个子模块，即知识对接模块、知识转移模块、知识分享模块，如图

7-4 所示。

（1）知识对接模块。在信息用户提出信息需求后，图书馆在初步分析后将提供给与信息用户需求匹配度较高的移动 Living books 资源库。在 Living books 资源库中，将有 $n(n \geq 1$，且为整数)位符合信息用户需求的 Living books。根据之前图书馆所制作的信息组织表单，信息用户在其中挑选其一位（Living book X）作为知识交流对象，并与该对象进入知识转移模块。

（2）知识转移模块。知识存储于人脑，与显性知识相比，其挖掘深入性、清晰性、显著性降低，决定了在移动知识转移过程中，存在着知识提问与知识回答交替螺旋式上升状态。信息提问者通过每一次的知识回答，不断修正所提问题的深度与准确度，同时实现将存储于 Living books 的潜在知识转移到提问者自身；Living books 则不断根据信息用户的渐进式提问，对自身的潜在知识进行挖掘、组织、提供给信息提问者。

（3）知识共享模块。随着信息提问者与 Living books 的移动互动交流，原存储于 Living books 载体的潜在知识实现了向信息提问者载体的转移。在知识转移过程中存在两种现象：一是该信息用户满足于所获知识；二是不满足。在不满足的情况下，信息用户可以申请图书馆配合重组该服务，直至满意为止。在满足的情况下，知识成功地由 Living books 向信息提问者转移，信息提问者与 Living books 成功地实现了知识共享过程。

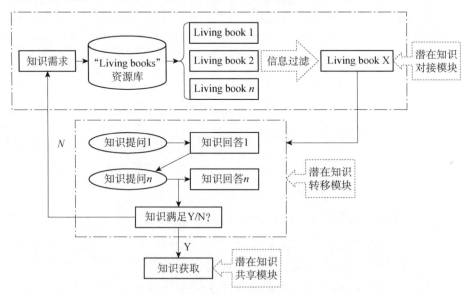

图 7-4　图书馆 Living books 移动知识转移服务模式图

三、图书馆移动知识共享服务模型

1. 图书馆移动知识共享——天秤模型

图书馆 Living books 知识群是由独立的 Living book 客体组成的。在 Living book 客体与 Living book 客体间进行知识交流的过程中，交流双方交替进行着角色的互换，并实现独立客体隐性知识的显性化。显性知识在被另一客体接受后，又实现了隐性知识资源的共享。

1）图书馆移动知识共享路径

如图 7-5 所示，在 Living books 客体进行知识交流过程中，双方处于平等一对一状态。当一方 Living book 通过图书馆移动知识共享中枢向另一 Living book 传递知识后，知识同时被图书馆移动知识共享中枢存储，以及另一 Living book 接收。在另一 Living book 客体的知识体内，进行了对应的知识理解、知识接受过程后，将进行知识反馈。反馈的知识是对前一 Living book 客体隐性知识的显性化过程，或者是对前一 Living book 客体隐性知识的增值过程，并同时被图书馆移动知识共享中枢存储。隐性知识不仅实现了在 Living book 客体内的自循环过程，还实现了在 Living books 客体间的外循环过程。借助图书馆移动知识共享中枢实现了隐性知识的共享与存储。

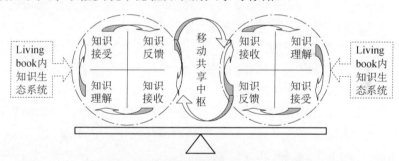

图 7-5　图书馆移动知识共享天秤模型图

2）天秤共享模型应用解析

天秤模型是种一对一平等的知识共享模型，且隐性知识随着 Living book 客体间知识交流的频次上升，隐性知识显性度、知识增值度、知识共享程度也同时提升。在利用该模型的过程中，关键在于 Living book 知识交流客体的隐性知识对等状态。Living books 客体间所拥有的隐性知识对等度越高，天秤平衡度最大，图书馆移动知识共享中枢所存储的知识增值越大；若 Living book 知识交流客体间所拥有的隐性知识对等度相差过大，天秤失衡度将过大，图书馆移动知识共享中枢所存储的知识增值越小。同时，图书馆通过知识共享中枢，实现了对 Living books 客体接收的隐性知识及接受的显性知识进行组织、存储过程，该知识共享中枢中的知识已是完全的显性、增值知识，可以自由提供广域共享。

2. 图书馆移动知识共享——钻石模型

在 Living book 客体与 Living book 客体间进行知识交流的过程中，除了交流双方交替进行着角色互换过程，也存在着单一 Living book 客体与 Living books 客体间的交流形态。这样的知识交流扩宽了隐性知识来源的渠道，可同时针对一个主题获取 Living books 隐性知识群的全部资源。

1）图书馆知识共享路径

如图 7-6 所示，在模型中存在单一 Living book 客体与 Living books 资源群两方。当处于钻石模型底端的 Living book 客体通过图书馆移动知识共享中枢向另一端 Living books 资源群传递隐性知识后，隐性知识同时被图书馆移动知识共享中枢存储，以及 Living books 资源群中的每一位 Living book 客体接收。在 Living books 资源群中的每一位 Living book 客体的知识体内，进行了对应的知识理解、知识接受过程后，将进行同步或异步的知识反馈。同时，由于该 Living books 资源群是在同一隐性知识主题前提下组织而成的，所以 Living books 资源群之间也可以进行隐性知识的接收、传递、反馈、共享过程。反馈的知识是对钻石模型底端 Living book 客体隐性知识的显性化过程，或者是隐性知识的增值过程，并同时被图书馆移动知识共享中枢存储。钻石模型底端的 Living book 客体在接收 Living books 资源群所反馈的隐性知识后，在知识体内将进行知识的自循环过程，并最终进行接受或下一轮的知识反馈。隐性知识实现了在 Living book 客体内的自循环过程，还实现了 Living books 资源群间、在 Living book 客体与 Living books 资源群间的外循环过程。借助图书馆移动知识共享中枢实现了隐性知识的共享与存储。

2）钻石共享模型应用解析

钻石模型是种一对多的内、外双循环知识共享模型，隐性知识随着 Living book 客体与 Living books 资源群间知识交流的频次上升，知识交流难度随着知识增值程度的提高而逐渐加大；参与交流的 Living books 资源群中的 Living book 客体，随着自身拥有隐性知识资源数量的不同，可能退出交流或转移到钻石模型底端的 Living book 客体中去。该模型可极大程度地实现隐性知识显性化、知识增值化、知识共享化。在利用钻石模型的过程中，关键在于对 Living

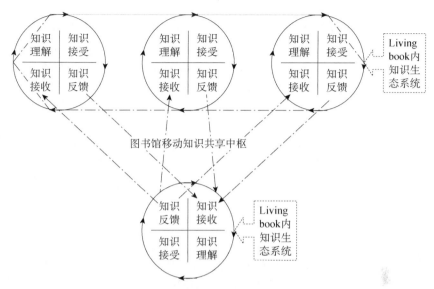

图 7-6 图书馆移动知识共享钻石模型图

books 资源群的选择。若 Living books 资源群中 Living books 客体人数过多，则知识反馈难度较大；若 Living books 资源群中 Living books 客体所拥有的隐性知识价值较高，则共享后的知识增值度就大，图书馆移动知识共享中枢所存储的知识增值越大，反之则小。当然，该模型也可以倒置使用，在倒置使用的过程中，对于单一端的 Living book 客体隐性知识价值程度则要求较高。同时，图书馆通过知识共享中枢，对 Living books 隐性知识资源群的隐性知识及接受的显性知识进行组织、存储过程，该知识共享中枢中的知识已是完全的显性、增值知识，可自由提供广域共享。

3. 图书馆移动知识共享——网关模型

天秤与钻石共享模型，都属于 Living books 知识群自发的一种知识共享模型，适用较少 Living books 客体间的知识共享，图书馆移动知识共享中枢进行间接、隐蔽的知识共享控制。在 Living books 知识群进行知识交流的过程中，还存在着 Living books 知识群与 Living books 知识群间的知识交流形态。这种知识交流由于参与 Living books 较多，共享流程复杂，所以需要进行更有效的、更规范的知识共享序化控制。网关共享模型中的图书馆知识共享中枢就充当了知识把关人，直接参与 Living books 知识群的共享过程，实现共享知识的传输控制。

1）图书馆知识共享路径

如图 7-7 所示，在模型中存在 Living books 知识群双方。任一方 Living

books 知识群向图书馆移动知识共享中枢传递知识需求后，被图书馆移动知识共享中枢存储，并及时向 Living books 资源群中的每一位 Living book 客体传递。在 Living books 资源群中的每一位 Living book 客体的知识体内，进行了对应的知识理解、知识接受过程后，同步或异步地将知识反馈给图书馆移动知识共享中枢。图书馆移动知识共享中枢会对反馈的知识进行适度把关，选择性地将部分显性化、增值的知识，有针对性地传递给部分 Living book 客体，并同时保存到图书馆移动知识共享中枢。重复循环直至隐性知识最大化显性共享、增值。网关模型实现了隐性知识在 Living book 客体内的自循环过程，实现了 Living books 资源群间、Living books 资源群间与图书馆移动知识共享中枢间的外循环过程。

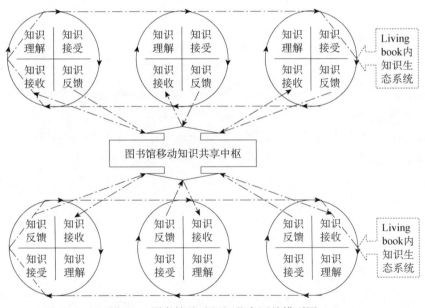

图 7-7　图书馆移动知识共享网关模型图

2）网关共享模型应用解析

网关共享模型最大的特点是图书馆知识共享中枢在 Living books 知识群共享过程中的直接参与。通过图书馆移动知识共享中枢对知识内容、知识传递对象的选择性处理，使得 Living book 客体的隐性知识得到有针对性的、最大化的挖掘，同时控制了传递的有序化程度，使知识共享更加有效。但是，由于是图书馆的一种显性参与，会在一定程度上给予 Living book 客体限制感受，与 Living book 客体的自由交流思想不符，而降低共享参与者。

第四节 本 章 小 结

图书馆移动服务的主体模式，是从微观角度探索图书馆移动服务的建设模式，本章作为图书馆移动服务共享模式的研究，更多的是从宏观角度探索如何更快速、更符合图书馆移动服务发展规律的共享模式。而且，在竞争的环境中，合作才是永恒的主题，应采用竞合的态度来探索共享的问题。为了更好地实现共享模式的构建，本章开篇之初首先对图书馆移动服务的竞合对象进行了分析。分析得出，目前图书馆移动服务的竞合对象主要包含四个方面，分别为第三媒体为主导的有线电视信息内容、第四媒体中的网络信息检索系统、以手机为代表对象的第五媒体信息提供商，以及大量掌握信息资源的移动信息用户。在定位了竞合对象之后，从资源、服务层面分析了竞合的优劣势，并提出三大类的共享模式，其一，是全媒体竞合共享模式，该模式更多的是针对新媒体对象及用户群体而定位的共享模式，提出了图书馆移动服务的一体两翼资源建设模型和信息服务模式。其二，是商业运营共享模式，也是图书馆移动服务的快速见效模式，探讨了技术导向的合作模式、资源导向的合作模式、营销导向的合作模式三类商业运营共享模式。其三，是"花园式" Living books 移动知识共享模式，在对 Living books 及移动知识共享优势介绍基础上，阐述了 Living books 潜在知识转移服务模块原理，并在此基础上根据共建共享 Living books 数量的递增关系，构建了图书馆移动服务天秤模型、钻石模型、网关模型。与全媒体竞合共享模式中信息用户的共享存在差异，前者更多的是群体的、有组织的图书馆移动服务资源建设，后者更多的是作为 Living books 的无组织的、自发的建设过程，且共享内容由信息共享上升为知识共享。前者中，图书馆起着组织者的作用；后者中，图书馆更多的是作为一个提供共享的"花园"而存在的。

第八章

图书馆移动服务建设及共享方案

在我国图书馆移动服务的建设过程中，部分图书馆相关服务一直处于领跑状态。在图书馆自身系统内移动服务建设之余，都进行了有效的合作共享。本章所介绍内容均来自正规报纸、官网渠道，能够对知识内容的准确性给予保障。希望阅读者能通过本章的内容介绍，提升对图书馆移动服务模式的理解，并对以下案例图书馆的移动服务给予更多的关注与宣传，使图书馆移动服务让更多信息用户所了解并使用。

第一节　中国国家图书馆移动服务案例

一、与歌华有线合作电视媒体传播

2015 年 12 月 9 日《中国文化报》报道[①]：近年来，北京的居民坐在家里通过电视就能欣赏到国家图书馆的文化资源，这是国家图书馆与北京歌华有线合作的数字电视栏目，目前有 450 万户家庭可以享用。而在全球 67 个国家，超过 400 万用户通过 CIBN 互联网电视平台可以看到有关国家图书馆的文化内容。随着创新服务的不断推出，国家图书馆也在与互联网做加法，利用新媒体扩大公共文化服务的覆盖面和辐射力，使数字文化建设成果真正惠及全民，

---

① 中国文化报（数字版）. 数字图书馆就在你身边[EB/OL]. http：//epaper.ccdy.cn/html/2015-12/09/content_168898.htm[2015-12-31].

让图书馆服务更加深入到社会公众当中。目前，国家图书馆网站的实名注册用户已达 655 万人，这些读者可以直接通过数字图书馆进行深度阅读。此外，国家图书馆通过打造基于互联网、广播电视网和移动通信网的跨网络、跨终端的服务新业态，树立起掌上国图、文津搜索、国图公开课、数字图书馆移动阅读平台等优质服务品牌，搭建起满足不同服务需求的新媒体图书馆服务体系。截至 2015 年 10 月底，国家图书馆移动阅读平台已经在全国 149 个地区开通分站，实现省、市、县三级公共图书馆的同步覆盖。当地读者可通过互联网、移动通信网，借助手机、平板电脑等移动终端浏览 7 万余册优质电子图书、500 余种电子期刊以及有声读物等资源。

二、掌上国图服务项目

1. 短彩信服务[①]

国家图书馆通过全国统一特服号"106988106988"为移动、联通、电信的全国手机用户提供借阅相关的读者服务短信和短/彩信信息订阅服务。读者服务短信是国家图书馆最早利用移动技术为读者提供的一种服务方式，是移动服务中的基础服务项目，进一步拓展了与读者的信息沟通渠道。该服务提供包括图书催还、续借、预约到达通知，读者卡挂失，发表意见与建议等基础服务，读者开通短信服务后即可免费享受这些服务。信息订阅服务是指国家图书馆将推出一系列短/彩信形式的信息服务，用户通过手机或者掌上国图网站订阅后，国家图书馆将定期向读者推送订阅的信息，这一服务满足了读者更广泛的需求。

2. 国家图书馆手机门户[②]

作为国家图书馆移动服务的重要形式之一，为能够向更大范围的读者提供服务，设计开发了三个版本，系统自动检测手机适配最优界面。其功能主要包括读者服务、在线服务、读者指南、文津图书奖、新闻公告、资源检索等栏目。国家图书馆手机门户为读者打造了一个能随时随地使用的图书馆，具体如表 8-1 所示。

表 8-1　中国国家图书馆掌上国图手机门户服务项目一览表

服务项目	具体服务内容
读者服务	图书续借、图书催还、在借信息、预约和预约到达通知以及用户注册等和读者密切相关的服务

---

① 掌上国图. 短彩信[EB/OL]. http: //mobile.nlc.gov.cn/library/include/message_new.html[2015-12-15].
② 掌上国图. 手机门户[EB/OL]. http: //mobile.nlc.gov.cn/library/include/mobile_new.html[2015-12-15].

续表

服务项目	具体服务内容
在线服务	在线讲座、在线展览、在线阅读，此外还包括书刊推荐、讲座预告等信息类栏目，为读者使用国家图书馆的服务提供导航
在线阅读	发布了古籍、古诗以及公开版权图书资源，此外，国图积极探索手机资源外购模式，引入手机知网、读览天下、博看期刊等资源，持有国家图书馆读者卡的用户只要登录到国图手机门户，即可免费在线阅读 8000 余种电子期刊
在线试听	在线浏览国家图书馆举办的讲座和展览
在线检索	国家图书馆手机门户提供了 OPAC 检索和特色资源检索服务，使读者可以随时检索图书馆的资源
文津图书奖	包括历届文津图书奖的获奖/推荐图书的展示、文津图书奖的读者荐书、投票等。国家图书馆手机门户还整合了其他移动服务介绍和相关软件下载，新增了留言板功能

3. 应用程序服务[1]

为更好地顺应新媒体技术的发展，将国家图书馆的服务及优秀资源呈献给更广大的人群，国家图书馆自 2011 年 1 月起推出了一系列 iOS 及 Android 应用程序供世界各地爱好者使用。其中，最新版本 v4.3.0（2015 年 9 月 9 日更新）修复了微阅书刊图书无法阅读的问题；期刊模块全新改版，提供 400 余种每月更新的期刊资源，支持收藏、下载和分享。历史版本 v4.2.0 版本（2015 年 5 月 22 日更新）具有以下特点：①"听书"功能。在"经典视听"中增加听书模块，免费畅听全部有声读物。听书模块支持在线播放、断点续听、离线下载、添加收藏、微信朋友圈分享等功能。用户可在试听区域免登录试听热门书籍。对音频质量要求高的用户还可以在设置中选择使用高品质音频文件。首次发布的有声读物资源量达到一千余册、两万余集。其中包括小说、有声书摘、经管励志、评书相声、儿童读物等十大类别的畅销新书，能够满足不同群体的阅读需求。未来，国家图书馆还将引进更多优质书籍，不断丰富移动端的有声读物资源。②书目检索优化。支持关键词检索、条形码检索，可获得国家图书馆馆藏信息以及全国几十家图书馆馆藏信息，并可以查看豆瓣网友的书评信息以及转到电子商务网站便捷购书。③二维码识别优化。识别二维码信息，识别文本、电话、邮件、国家图书馆讲座信息、vCard 名片等多种格式。④微阅书刊。提供三万种最新热门电子期刊，国家图书馆用户登录后可以在线阅读。⑤经典视听。选取优秀的文津讲坛资源、国家图书馆公开课资源、听书资源，用户可在线欣赏。⑥读者服务。为拥有国家图书馆读者卡的用户提供借阅信息查询、续借、预约等功能。⑦国家图书馆展览。同步欣赏国家图书馆展览，在线观看国家图书馆最新在线展览。⑧讲座预告。

---

[1]　掌上国图. 应用程序[EB/OL]. http://mobile.nlc.gov.cn/library/include/YingYong_new.html[2015-12-15].

发布国家图书馆讲座信息和通知公告。⑨咨询服务。可以通过手机进行表单、电话等多种方式咨询。

三、掌上国图资源列表①

1. 图书

"掌上国图"自建公版图书 6700 多本，包含古籍、英文著作、百科、小说、笑话、寓言等种类，并自建 EPUB 图书 1800 多本，供广大读者阅读。公版图书在国家图书馆手机门户"特色资源"部分或者"在线服务"的"在线阅读"部分可以阅读全文，也可在"国图选粹"APP 的经典阅读栏目阅读。

2. 期刊

"掌上国图"引入博看期刊、手机知网、读览天下等知名期刊资源，共包含期刊 8000 多种，会议论文 140 余万篇，报纸 1000 多万篇，工具书 4800 余种。读者可以在国家图书馆手机门户的"在线阅读"部分阅读，期刊可利用手机终端进行全文下载。

3. 论文

"掌上国图"共发布博士论文摘要近 19 万篇，硕士论文摘要近 150 万篇。博士论文摘要可在国家图书馆手机门户"特色资源""在线阅读"栏目查询，或者在"手机知网"学位论文数据库查看。

4. 音视频

"掌上国图"共建设讲座资源 674 场，电视短片 500 余部，总时长达到 1200 多小时，手机版视频采用 3 种视频码流，供不同规格手机访问。音视频资源可在"特色资源"中音视频讲座部分查看，或者在"国图选粹"APP"文化视听"栏目查看。

5. 图片

"掌上国图"共建设图片资源 3 万多张，种类丰富，并利用图片资源建设 APP 应用 2 个（年画撷英、艰难与辉煌），图片专题资源近 100 个。主要在国家图书馆手机门户"特色资源"图片部分展示，专题资源主要在"国图选粹"APP 的"图文专题"栏目展示。

---

① 掌上国图. 资源[EB/OL]. http://mobile.nlc.gov.cn/library/include/ziyuan.html[2015-12-15].

第二节 杭州图书馆移动服务案例

一、与华数传媒合作"电视图书馆"资源共享

2010 年 12 月 30 日《杭州日报》[①]报道:"杭州图书馆的数字图书馆全线开通,初步把这一趋势变为现实:待在家里,用手机就能预约借书;打开电视,动动遥控器就能看大量的数字杂志⋯⋯杭州图书馆的这个模式获得了专家的广泛认同。国家图书馆副馆长魏大威说,杭州图书馆实现了'图书馆服务嵌入市民生活',是对'泛在图书馆'这一概念脚踏实地地实践。"

杭州图书馆先是建设了"文澜在线"网站,让习惯上网的信息用户可直接在网上享受杭州图书馆的各种资源和服务;然后联合了华数传媒,让华数的不少影视资源在这里可以免费共享。针对在家的中老年读者和周末休息人群,杭州图书馆则和华数传媒一起推出了电视版"文澜在线",让大家能在电视上看杂志;而针对上班一族和年轻人,则推出了智能移动终端平台,让大家可以通过手机进入"文澜在线"移动图书馆,在手机上看杂志,预约续借图书等。这样,网络、电视、手机三网融合,尽可能覆盖各层次信息用户,让人人都能享受到杭州图书馆的服务。家里有华数数字电视互动机顶盒的读者,可以在首页选择"全媒体",然后进入"文澜在线",就可以享受预约续借、新书推荐、活动信息预告,以及大量的数字杂志阅读服务,实现了"电视上看书、电脑上看片、手机上看杂志"三网融合开启的新阅读生活。

二、杭州图书馆"文澜在线"移动图书馆服务

习惯用手机上网的读者,可以登录"文澜在线"移动图书馆,这里有近3000 种大众期刊可以在线阅读,还有不少个人图书馆服务,读者通过输入杭图借书证的账号和密码,进入"个人空间",就可以查询借阅信息,进行图书续借、预约取消、欠款查询等操作。具体服务项目包括:书目查询、读者登录、个人空间、杭州图书馆介绍、读者服务(图书借阅、预约服务、交通路线、办证指南、开馆时间)、信息发布、活动预告、文澜数字杂志(近 3000 种大众期刊可以在线阅读)等。

---

① 杭州日报(数字报纸). 杭州数字图书馆上线[EB/OL]. http://hzdaily.hangzhou.com.cn/dskb/html/2010-12/30/content_995095.htm[2015-12-17].

建设"未来"图书馆，一直是杭州图书馆研究的重点。杭州图书馆新馆开放以来，因为先进的设施、舒适的环境和免费的服务，吸引了不少市民。可是，杭州图书馆褚树青馆长却对记者说，他的最大愿望是，有一天，在馆外使用图书馆的读者能够超过到馆的读者。在国外，市民对图书馆的应用很多都是在家中，或者在路途上，让图书馆得到最大程度的使用。全时空的数字信息模式将打破传统图书馆馆内服务的限制，实现服务的免费、无限制和无障碍，使杭州图书馆成为杭州市民生活的第三空间。

第三节　上海图书馆移动服务案例

一、与方正阿帕比合作移动服务建设

1952 年 7 月 22 日，上海图书馆在南京西路 325 号开馆，标志着上海的图书馆事业在新中国成立后迈出了具有历史性的一步。上海科学技术情报研究所成立于 1958 年。1995 年 10 月，上海图书馆与上海科学技术情报研究所合并，成为综合性研究型公共图书馆和行业情报中心，同时也是全国文化信息资源共享工程上海市分中心、上海市中心图书馆总馆、上海市古籍保护中心、上海市软科学研究基地"前沿技术发展研究中心"和上海文化创意产业信息中心。1996 年 12 月 20 日，上海图书馆新馆正式对外开放，成为一个大型综合性研究型公共图书馆，跻身于中国十大图书馆之列。[①]

2013 年 9 月 27 日《中国新闻出版网》[②]报道：方正阿帕比二维码移动借阅系统登录上海图书馆，读者只需要扫描二维码就能把想借的图书下载到移动设备里，方便随时随地阅读。方正阿帕比是方正旗下专注于数字出版技术和服务的企业。据介绍，方正阿帕比二维码移动借阅系统是对传统图书借阅模式的颠覆，它将打破现有数字阅读技术对于终端的限制，提供跨平台多终端一体化的电子图书借阅解决方案。该系统支持读者在使用触摸屏进行浏览式阅读的过程中，通过扫描二维码，将资源下载到自己的移动设备上。

---

① 百度百科. 上海图书馆[EB/OL]. http：//baike.baidu.com/link?url=tHkol3I4hqPUh445eZ-I4PXviFbBvzhmop3TKvbhAoCpFTvu_t3OhC9T V3iFJ6DRdpNrVEHhlPYhuczhzE9_p[2015-12-19].
② 中国新闻出版网. 方正阿帕比移动借阅系统登陆上海图书馆[EB/OL]. http：//www.chinaxwcb.com/2013-09/27/content_277851.htm[2015-12-19].

二、上海图书馆"手机图书馆"服务内容[①]

1. 我的图书馆

可以运用手机进行读者个性化服务，通过访问 http：//m.library.sh.cn/ 手机网站，登录"我的图书馆"查询借阅信息，进行图书续借。同时还可以通过手机"我的图书馆"查询读者卡信息和借阅信息，极大方便读者利用图书馆的资源和服务。

2. 上图讲座

即时了解上图讲座的最新信息，并可通过馆所开通的手机特服号021-53959993，统一发送"JZ＋讲座代码＋机主姓名"进行上图讲座预订，支持移动、联通、电信的手机用户，方便读者随时随地进行讲座预订，同时可以利用手机短信提供咨询问答服务。

3. 分馆引导

详细展现上海图书馆以及上海市中心图书馆"一卡通"全市 130 多家开通的分馆和服务点的地址、电话、开放时间等信息，同时还配有手机网上地图服务，即可导引读者前往各图书馆借阅书刊。

4. 上海图书馆电子书

上海图书馆电子书在阅读上进行了创新，为读者提供全新的电子书借阅服务，只要读者凭上海图书馆读者卡和身份证号就可以通过手机移动阅读方式看电子书。在线阅读时读者可以做书签、笔记，重点字句高亮保存，划词翻译，书内全文搜索并以列表方式显示，读者看某本电子书的同时可以提问或回答问题，写书评等多个实用功能。

5. 书目检索

全市图书馆馆藏尽在掌中，通过 3G/4G 手机上网或具有 GPRS 上网功能的任何一部手机，就可以通过访问 http：//m.library.sh.cn/手机网站，进行全市书目和馆藏联合检索，提供 200 万种、1150 万册馆藏书刊、音像资料和文献的搜索。

6. 电子期刊（试用）

能够让所有读者使用移动手持设备随时随地地检索本馆文献和查看正文，让学术迅速阅读成为可能，成为一种新的风尚，让学术无处不在，让读

---

① 上海图书馆. 手机图书馆[EB/OL]. http：//www.library.sh.cn/mobile/index.htm[2015-12-19].

者在任何时间、任何地点都能获取自己所需要的资源。目前，电子期刊（试用）主要开通电子图书、全国报刊索引（提供部分资源访问）、重庆维普期刊（二次文献），清华同方期刊（二次文献）。

7. IOS 客户端功能

（1）条码扫描功能，书店看到喜欢的书，可以先扫描下条码，看看上海图书馆是否有。

（2）微博分享功能，搜索到喜欢的图书，一键本地收藏，一键分享给微博粉丝。更有上海图书馆讲座，展览信息均可分享。

（3）你问我答功能，上海图书馆"网上知识导航站"在你问我答栏目中，方便地向导航站专家提问，并查看问题回复。

第四节　书生移动图书馆介绍

一、北京书生移动图书馆公司①

北京书生公司成立于 1996 年，是一家以技术起家的 IT 企业，书生公司在电子公文、数字图书馆、文档服务器、数字出版、申报审批、文档数字化、办公套件、数字书市、影像存储、电子图书交换、档案管理等领域拥有领先的解决方案，并被《财富》杂志评为中国未来最值得关注的公司之一。2010年 6 月，北京书生公司正式推出了全球首个具备完全功能的移动图书馆，打破了既往手机图书馆仅能够支持手机访问、仅能提供基本的查询和部分数据阅读服务，极大地拓展了图书馆原有的服务范围，为图书馆重新定义出一种全新的服务方式。随着移动互联网时代的到来，北京书生公司于 2011 年 6 月推出全球首家移动图书馆——书生移动图书馆，这也标志着图书馆由数字图书馆时代进入到移动图书馆时代。

二、书生移动图书馆十大核心亮点

（1）全球唯一移动图书馆专业服务提供商。书生公司是一家有着丰富数字图书馆行业经验的公司。目前全国已有 700 余家图书馆采用书生数字图书

① 百度百科. 书生移动图书馆[EB/OL]. http：//baike.baidu.com/link?url=82UZp7ep75kQPTxaclRw7j_uLJTKCuDQ4Q5ETu3TR7GN4o9aRCEZ GJ72l5KUBLCm2NvphWF7B_BGJcetMBdOba[2015-12-20].

馆技术，其构建的书生资源门户可检索超过千万种图书、电子书超 260 万种。随着移动时代来临，于 2010 年 6 月推出了全球首个移动图书馆专业解决方案。

（2）针对图书馆服务特点量身打造。在信息化社会，图书馆的公众作用正在被弱化，移动图书馆可以让图书馆走出藏书室，更广泛、更直接、有效地接触到读者，为读者提供各种快捷有效的服务。书生公司移动图书馆可以整合图书馆现有资源，读者只需通过手机等移动终端设备自行登入，即可访问馆内电子资源。

（3）涵盖既有的移动 OPAC 服务。通过 OPAC，读者可以利用网络实现图书的查找和借阅、预订等功能。移动 OPAC 的引入，打破了传统 OPAC 只能在固定终端使用的弊端，使得读者可以随时随地享受图书馆 OPAC 服务，充分利用上下班、外出、等候等零散时间，自由查阅图书信息、预订图书、查询借阅情况等。移动 OPAC 功能包括但不限于某一书目的所有馆藏单册记录、预约借书操作、读者个人基本信息、读者个人当前借阅信息、续借操作、短信还书提醒服务。

（4）DRM 唯一性认证，确保资源安全。书生移动图书馆针对手持上网终端设备实现了唯一性认证的 DRM 技术，使得每一个读者的手持设备只能唯一访问，而不能随意传播自己的访问权限。DRM 技术的应用使得书生移动图书馆在满足读者正常使用的基础上，有效防止了图书馆资源被读者进行恶意扩散的可能性，保证了图书馆数字资源的安全性。

（5）数据库文献统一搜索，不同格式文档统一展示。书生移动图书馆独有的跨库检索技术支持多库检索，期刊、论文、外刊、外文论文、图书等资源检索，一次输入，统一显示。移动数字图书馆提供期刊、论文、图书等数据库资源在各类手机以及专用阅读器可检索，使各类不同结构的文章在手持终端正常显示。通过书生公司独有的非结构化操作标记语言（Unstructured Operation Markup Language，UOML）文档格式，读者可以直接在手持终端设备上阅读任意格式的文档，简单方便，没有数据冗余。

（6）无须改变图书馆原有的系统与平台。结合图书馆原有的软硬件进行完美整合，无需改变图书馆原有的系统与平台，不存在重复建设。这个过程更像是对房屋进行精装修，而并非重新盖房子。

（7）终端要求低，适用于各种配置的移动终端设备。书生移动图书馆系统通过技术手段，打破功能限制，融合各类终端设备。在实际使用中对配置要求极低，即使老旧手机一样可以使用，贴心为读者考虑。

（8）随时随地对馆内所有资源进行全文阅读。书生移动图书馆实现各类型手持设备针对不同的数据库资源系统的检索各类文档的交互处理，所有的个性化的操作存于服务器端，各种类型不同的手机运算能力、内存和存储空间不同，只需要向服务器端请求，所有的运算均在服务器端完成当设备更新，即便设备丢失，所有"我的搜索、我的收藏、我的最近浏览、我的定制服务"均不受影响。

（9）扩大服务范围，城镇乡村全方位覆盖。书生移动图书馆的推出打破了图书馆地域及时间上的服务限制，所有图书馆读者均可借助无线网络，真正做到用户随时随地、随心所欲地访问图书馆馆内数字资源。无论是在田间地头，还是在工厂学校，只要存在无线网络，就可以轻而易举地通过普通的手机上网登录移动图书馆，让读者充分利用零散时间进行资源分享和学术互动。

（10）终身提供技术支持，持久服务为用户保驾护航。书生公司作为专业的软件公司，移动图书馆服务提供商有强大的技术实力和庞大的技术队伍对产品进行持续不断的服务支持。

第五节　超星移动图书馆介绍

一、超星移动图书馆[①]

超星移动图书馆是专门为各图书馆制作的专业移动阅读平台，用户可在手机、Pad 等移动设备上自助完成个人借阅查询、馆藏查阅、图书馆最新咨询浏览，同时拥有超过百万册电子图书、海量报纸文章以及中外文献元数据供用户自由选择，为用户提供方便快捷的移动阅读服务。超星移动图书馆能够通过与 OPAC 系统的集成、与数字图书馆门户集成、与全国共享云服务体系集成，来实现纸质馆藏文献的移动检索与自助服务、实现电子资源的一站式检索与全文移动阅读、实现馆外资源联合检索与文献传递服务。同时，超星还构建了读者信息交流互动功能，用来实现公告信息发布与读者个性化服务定制；"我的订阅"服务，实现了有效地为用户提供个性化信息服务。

二、超星移动图书馆功能优势

超星移动图书馆依托集成的海量信息资源与云服务共享体系，为移动终

---

① 百度百科. 超星移动图书馆[EB/OL]. http://baike.baidu.com/view/8065177.htm[2015-12-20].

端用户提供了资源搜索与获取、自助借阅管理和信息服务定制的一站式解决方案，具有十分突出的特点与技术优势：

（1）基于元数据的一站式检索。系统应用元数据整合技术对馆内外的中外文图书、期刊、报纸、学位论文、标准、专利等各类文献进行了全面整合，在移动终端上实现了资源的一站式搜索、导航和全文获取服务。

（2）适合手机的信息资源。充分考虑到手机阅读的特点，超星移动图书馆专门提供 3 万多本 E-Pub 电子图书、7800 多万篇报纸全文供手机用户阅读使用。

（3）云服务共享。超星移动图书馆接入功能强大的云共享服务体系，平台提供 24 小时云图书馆文献传递服务，无论是电子图书还是期刊论文，都可以通过邮箱接受到电子全文。系统接入文献共享云服务的区域与行业联盟已达 78 个，加入的图书馆已有 723 家；24 小时内，文献传递请求的满足率：中文文献 96% 以上，外文文献 85% 以上。

（4）个性化服务体验。通过设置个人空间与图书馆 OPAC 系统的对接，实现了馆藏查询、续借、预约、挂失、到期提醒、热门书排行榜、咨询等自助式移动服务。并可以自由选择咨询问答、新闻发布、公告（通知）、新书推荐、借书到期提醒、热门书推荐、预约取书通知等信息交流功能。

第六节　领域外移动服务案例

一、案例目标

文化是推动社会发展、人类进步的最核心要素。"没有和谐文化，就没有社会和谐的思想根基，也就不可能有建设和谐社会的实践追求。"[①]文化能动地、多方位地、多层次地作用于经济基础和政治环境[②]，是其他一切相关要素的基础。正如朱高正先生阐述的那样："没有文化基础或文化理想的国家是难以持久的。"[③] 文化传播是指人与人、人与社会、社会与社会间文化信息的交流与互动，在这个过程中，存在着文化的分享、增值、变迁、冲突、调适与控制等。[④]

---

① 刘云山. 建设和谐文化：巩固社会和谐的思想道德基础[N]. 人民日报，2006-10-24，第 2 版.
② 荣红涛. 和谐社会背景下公共图书馆文化传播职能再认识[J]. 图书馆，2012，（1）：13-16.
③ 朱高正. 中国文化与中国未来[M]. 上海：华东师范大学出版社，2004：26.
④ 江波. 文化传播的社会价值、目标与效果[J]. 兰州大学学报（社会科学版），1995，（4）：87-90.

在图书情报界移动文化服务实践尚处于探索阶段，在我国已存在相关案例。例如，百事易是中国移动 12582 农信通业务品牌的一个全网子业务，主要通过短彩信的方式，整合农业科学、政策、新闻、供求、致富、百科等信息，根据用户地域、行业、喜好、近期关注、终端能力等属性实现个性化匹配信息下发，为用户提供量身定制的信息服务。其聘请很多优秀领域人才，共同参与信息的制作、发布工作。

又如，2012 年 4 月 26 日至 2012 年 11 月 30 日，中央精神文明建设指导委员会办公室（简称中央文明办）、工业和信息化部人教司、国务院国资委宣传局、中国移动通信集团公司、中国电信集团公司、中国联合网络通信集团有限公司，组成了全国文明短信传递活动组委会，开展"修身律己做文明人 文明短信传递活动"。组委会以邓小平理论和"三个代表"重要思想为指导，贯彻落实科学发展观，以建设社会主义核心价值体系为根本，以"传中华经典，扬正风正气"为主题，引导人们用创作和转发文明短信的方式，欣赏传播道德含义丰富的经典汉字、名言和佳作，弘扬中华民族优秀传统文化，省身修身、陶冶情操，努力提高道德水平，塑造高尚品格。[①]

二、具体内容

1. 推送文明短信板块

中央文明办牵头，甄选体现谦恭有礼、勤俭节约、择仁处善、自强厚德、报效国家等弘扬传统美德的重点汉字或格言警句、经典语录、古文诗词等，对它的含义进行准确阐释，编辑成短信息或短文章，向手机用户免费发送推介，供用户学习和下载转发。

2. 读经典修身立德板块

三大移动通信公司通过短信、彩信、飞信、微博、手机报、门户网站等方式，广泛传播主办单位推送的文明短信，吸引广大手机用户阅读、研习、讨论，深刻领会其思想文化内涵，提升自身道德修养。

3. 创作传播道德感言板块

引导广大手机用户以学习文明短信的感想和体会为素材，创作成文字、图片及音视频形式的短信息、短诗文、短故事，参与优秀短信评选，主办单位从中筛选精品佳作予以推送，供其他手机用户下载转发。

① 李菲，徐恺英，李天贺. 图书馆移动文化知识服务系统模型构建[J]. 情报理论与实践，2013，08：50，69-71.

4. 推送文明短信活动举例

中国移动通信利用 106581050 平台每天为订阅了"中华经典作品"的用户发送弘扬传统美德的重点汉字短信及彩信各一条。短信内容相对简短，例如，2012 年 9 月 11 日，10 点 38 分发送短信内容如下："[付]fu 四声，总笔画数：5，本义：给予，如《广雅》中记载：'付，予也。'也可作姓氏用。常用词组：付出、付账。"发送彩信内容如图 8-1 所示。

图 8-1 "中华经典作品"彩信简略图

第九章

总结与展望

第一节 研究结论

本书在全球信息化进程、国内三网融合平台加速发展，进而引发信息用户移动阅读需求的研究背景基础上，阐明本书宏观上具有促进信息资源共享、缩小信息鸿沟的作用，中观上有益于实现信息用户个性化体验并拉近与图书馆的距离作用，微观上有益于图书馆在新媒介中的竞合发展的理论意义。在实践层面上看，通过本书调查问卷数据、实验数据及访谈数据的分析基础上所构建的图书馆移动服务模式，对相关领域的建设过程提供了有效的参考价值。本书从国内外理论与实践研究现状入手展开文献综述，对当今研究现状进行总结并提出研究方向。第一，国内外的理论研究大体都经过三个发展阶段：第一阶段关注于手持设备的接受度；第二阶段进行基础设施、软件环境及服务内容构建；第三阶段将注意力转向读者需求分析导向的服务内容优化。第二，实践情况也大体一致，服务内容很多仍是传统图书馆服务的移动升级，国外借助新技术展开的"超"图书馆服务相对较多、技术实力相对较强。第三，虽然现阶段以用户需求为导向，但更多地停留在广域关注层面上，对个性化需求的关注度较低；在移动服务建设过程中，实践过程中仍未达到反馈阶段；在媒体融合背景下，服务仍侧重于图书馆中心，未达到信息中心的高度。结合目前研究基础，提出本书的方案：其一，通过调查问卷方式获取分众群体服务需求，为所构建移动服务模式奠定用户基础；其二，在微观上，结合数据结论进行图书馆移动服务主体服务模式构建，包括信息资源板块、信息服务板块、信息技术板块三个层面；其三，在宏观上，进行图书馆移动服务共享模式构建，寻找图书馆与相关组织的竞争与合作的契合点；其四，通过实验方法进行移动知识学习推送实验，实现对移动服务模式的检验及反馈实践。在提出方案思路的基础上，从整体上梳理了本书的内容、方法、路线与创新点，为后续研究提供纲要性支持。本书的结论如下：

（1）三网融合视域下信息用户需求呈现如下特点。其一，调研结论受专业及年级影响甚微，整体趋同性明显。其二，信息资源选择上超半数人选择集中在青春文学类、生活服务类、励志教育、考试辅导和英语学习方面；对特色资源的建设基本持肯定态度；移动获取资源排序结果为图书、特色资源、报纸、期刊、专题网络资源、视频节目及个性化定制资源。其三，信息服务需求上，与 CNNIC 结论报告相似，沟通交流仍占移动使用主体地位；对于图书馆移动服务的需求排序为信息检索、信息导航、多媒体服务、个性化定制服务及信息交流群服务。

（2）结合问卷结论在图书馆移动服务主体服务模式建设过程中，对于移动信息资源可进行一体两翼模式的建设，以特色资源数据库为主体，以传统资源移动升级为左翼，以新媒体资源建设为右翼，各部分微内容建设均不相同，应结合载体特点区别建设；移动信息服务建设过程中，除对传统服务移动升级外，应结合信息用户群体社会心理需求状态，进行适度心理驱动，在区分信息用户群基础之上进行按频度的服务设置；在信息技术模式上，SMS模式接收度高、WAP 模式相对方便、客户端软件模式更加灵活，应结合信息资源、信息服务特点选择最适合的技术模式。

（3）竞争无处不在，合作却是永恒的主题。图书馆在三网融合的全媒体背景下，有其独特的竞争优势，当然也存在劣势。本书探讨了全媒体竞合、商业运营共享、花园式 Living books 知识共享三种共享模式，从移动信息资源、移动信息服务、移动信息服务技术三个角度分别提出了不同的共享模式。三种共享模式也不是完全孤立的，图书馆可以根据具体特点进行针对性的共享对象选择。

（4）通过实验，本书进行了对所构建模式的可操作性、信息用户接受度、信息用户满意度、构建模式价值的检验。检验发现，所构建模式以上检验点检验效果良好，可以为相关机构提供借鉴。

第二节 研究局限与展望

本书中仍存在一些局限与不足，主要体现在以下几个方面。

（1）调查目标及实验目标仅选择了代表性明显的、区域性的信息用户，并没有进行潜在性的、普域性的信息用户推广。因此，研究结论是否能进行全领域推广，有待验证。后续研究会继续扩展对信息用户的群体范围，检验不同用户群体体验之间是否存在差异。

（2）本书在实验环节中，受经济条件、技术平台影响，在移动知识推送过程中更多仍是文字内容的推送，未达到理想状态的全媒体信息推送，且推送内容受推送对象需求导向影响，未包含娱乐性等接受度较高类的信息内容。在推送反馈阶段，以调查问卷形式进行信息收集，受被推送者主观感受差异影响，反馈结论能否进行全领域推广，有待验证。后续研究会进行二期实验，进行推送内容及技术模式的调整，适度更换推送服务对象，实现对移动服务反馈结论的检验操作。

（3）本书虽进行了一定的实验操作，但主要是针对图书馆移动服务主体服务模式部分进行的实验。受客观原因限制，本书未对图书馆移动服务共享服务模式进行实验，期待有更多的图书馆类领域主体进行相关共享检验。

参考文献

陈斌. 2013. 基于 Android 平台 SQLite 数据库技术在图书馆中的应用[J]. 电子世界，04：6-7.

陈传夫，黄梦萦，鲜冉. 2012. 三网融合环境下我国图书馆面临的挑战与对策[J]. 图书馆建设，04：1-5.

陈虎，朱艳声. 2013. 高校图书馆开展移动信息服务方式探析[J]. 图书馆工作与研究，01：39-42.

陈建英. 2011. 基于 3G 手机图书馆服务创新探索[J]. 图书馆工作与研究，05：54-57.

陈路明. 2009. 国外移动图书馆实践进展[J]. 情报科学，11：1645-1648.

陈茫，周力青. 2010. 基于 WAP2.0 的移动数字图书馆应用研究[J]. 图书馆杂志，08：52-56，49.

陈茫. 2010. 基于 WAP2.0 的移动数字图书馆应用研究[J]. 情报杂志，S1：213-216.

陈素梅. 2007. 手机图书馆开辟移动阅读的新时代[J]. 图书馆建设，05：83-86.

陈晓美，关欣. 2006. 手机图书馆的文化引导作用[J]. 图书情报工作，S2：102-104.

陈晓美，关欣. 2006. 手机图书馆在信息传播中的价值[J]. 情报科学，11：1687-1690.

陈颖颖，裴允. 2012. 高校移动图书馆信息服务现状分析[J]. 图书馆学研究，10：76-79.

陈宇碟，徐恺英，白波. 2014. 中美高校图书馆移动信息服务模式比较研究[J]. 情报科学，08：157-161.

程孝良，李勇，钟刚毅，叶艳鸣. 2009. 基于移动通信技术的手机图书馆：理念、设计与应用[J]. 图书馆理论与实践，09：63-66.

程孝良，李勇，钟刚毅. 2009. 手机图书馆：传播原理、媒介影响与未来展望[J]. 图书馆杂志，08：12-15.

初景利，杨志刚. 2012. 物竞天择，适者生存——图书馆新消亡论论辩[J]. 图书情报工作，11：5-11.

崔伟，徐恺英，王宁. 2010. 基于知识链的数字资源整合研究[J]. 图书馆学研究，15：10，32-35.

崔宇红. 2004. 基于手机短信平台的图书馆信息推送服务[J]. 大学图书馆学报，04：67-68.

邓李君，何燕，杨文建. 2014. 基于用户需求变化的移动图书馆服务观念考量[J]. 情报理论与实践，05：37-40.

邓李君，杨文建. 2014. 大学生使用移动图书馆的行为持续性的影响因素分析及对策研究——基于扩展持续使用模型[J]. 图书馆论坛，02：63-68.

丁夷，金永贤.2011. 基于 Struts+Spring+Hibernate 框架的手机图书馆服务系统[J]. 大学图书馆学报，01：77-82.

董晓霞.2010. 手机服务在图书馆的应用需求调查和部署方案研究[J]. 情报杂志，08：174-177.

段梅，许欢，赵晖.2010. 数字时代高校读者阅读现状及图书馆导读研究[J]. 图书馆学研究，24：85-89.

范并思.2011. 图书馆信息技术应用的战略思考[J]. 图书馆建设，10：12-16.

方胜华，李书宁.2011. 走向移动互联时代的图书馆服务[J]. 图书情报工作，23：72-76.

方玮，张成昱，窦天芳.2009. 基于资源整合的手机图书馆系统的设计和实现[J]. 现代图书情报技术，06：76-80.

付跃安.2013. 移动增强现实（AR）技术在图书馆中应用前景分析[J]. 中国图书馆学报，03：34-39.

傅宇凡.2005. 第三代数字图书馆服务"移动目标"——专访中国科学院文献情报中心主任张晓林[J]. 中国教育网络，06：35-38.

高春玲，卢小君.2014. 用户阅读图书馆电子资源意愿的影响因素分析——以辽宁师范大学师生移动阅读行为为例[J]. 图书馆论坛，02：26，34-40.

高春玲.2011. 中美移动图书馆服务 PK[J]. 图书情报工作，09：44，63-66.

高海涛，徐恺英，李晗.2014. 基于超效率 DEA 的高校图书馆评价体系研究[J]. 图书情报工作，05：17-21.

郭利敏，张磊，赵亮.2014. 图书馆微信服务应用开发——以上海图书馆为例[J]. 现代图书情报技术，05：96-101.

郭溪川.2011. 国内外基于 3G 网络的移动数字图书馆实践现状和创新应用[J]. 图书情报工作，09：54-57，62.

过仕明，梁欣.2014. 国内移动图书馆服务模式发展现状与趋势调研[J]. 大学图书馆学报，01：90-96.

过仕明，刘岩芳.2014. 基于知识图谱的我国移动图书馆研究热点分析[J]. 情报科学，05：85-90.

海金梅.2009. 基于知识创新的高校图书馆知识服务研究[D].吉林大学硕士学位论文.

韩娟娟.2014. 河南省本科院校移动图书馆发展调查——兼与江苏等地高校移动图书馆比较[J]. 图书馆学研究，04：13-16.

韩丽，薛海波.2010. 国外移动图书馆服务现状及我国的发展策略[J]. 现代情报，11：75-77.

何贤英，孙华玮.2012. 中美高校移动图书馆发展现状比较研究[J]. 新世纪图书馆，03：5，59-60.

贺伟，曹锦丹，刁云梅.2006. 移动终端在图书馆读者服务中的应用[J]. 情报科学，05：767-771，792.

胡振华，蔡新.2004. 移动图书信息服务系统[J]. 现代图书情报技术，04：18-20，42.

黄红梅，王雪莲.2012. 微博在手机图书馆中的应用[J]. 图书馆论坛，01：72-75，112.

黄琴玲，郭晶，高协，等.2014. 移动学习与嵌入式学科服务深度融合的创新实践与特色——以上海交通大学图书馆为例[J]. 图书情报工作，02：58，79-83.

黄群庆.2004. 崭露头角的移动图书馆服务[J]. 图书情报知识，05：48-49.

黄幼菲.2010.新媒体时代的思考：网络媒介与手机媒介知识信息服务在图书馆的应用[J].图书馆理论与实践，10：8-11.

黄志琴.2014.基于云服务的高校数字阅读推广研究[J].图书馆学研究，03：20-23.

江波，覃燕梅.2012.掌上图书馆、手机图书馆与移动图书馆比较分析[J].图书馆论坛，01：69-71，88.

江波，覃燕梅.2013.基于微信的移动图书馆APP服务系统设计与实现[J].现代情报，06：41-44.

江波，覃燕梅.2014.我国移动图书馆五种主要服务模式的比较研究[J].图书馆论坛，02：59-62，89.

江秋菊.2008.图书馆基于MMS的移动服务[J].图书馆学研究，03：29，33-35.

姜光远，李菲.2008.基于第五媒体的手机图书馆服务研究[J].情报科学，06：900-903.

姜海峰.2010.移动图书馆的兴起和解决方案[J].大学图书馆学报，06：12-15.

姜颖.2011.我国移动图书馆服务现状及发展对策——中美移动图书馆服务的比较分析[J].图书馆建设，12：75-78.

金颖，张文彦.2009.欧美手机图书馆先导计划[J].现代情报，10：211-214.

靳娟.2014.高校学生使用移动图书馆的行为意愿影响因素研究[D].安徽大学硕士学位论文.

孔云，廖寅，资芸，等.2013.基于微信公众账号的图书馆移动信息服务研究[J].情报杂志，09：167-170，198.

赖永波.2011.从数字图书馆到移动数字图书馆：服务功能演进与实现途径[J].情报杂志，05：165-168.

赖永波.2011.移动数字图书馆服务功能拓展与实现途径[J].图书馆学研究，05：42-45.

郎庆华.2009.泛在网络下手机图书馆信息服务的目标及实施策略[J].现代情报，08：108-111.

李丹，乔东梅.2005.图书馆移动信息系统的建设[J].图书情报工作，02：86-88，120.

李菲，徐恺英，白茹玉，等.2012.三网融合视域下图书馆移动资源需求调研及模型构建[J].情报理论与实践，10：71-74.

李菲，徐恺英，常改.2012.三网融合视阈下数字图书馆竞合发展模式研究[J].情报理论与实践，02：30，52-54.

李菲，徐恺英，李天贺.2013.图书馆移动文化知识服务系统模型构建[J].情报理论与实践，08：50，69-71.

李菲，徐恺英，马克强，等.2012.基于Living books的数字图书馆知识生态共享模型构建[J].图书情报工作，11：28-31.

李菲，徐恺英，孙岩，等.2011.基于"Living books"的图书馆潜在知识转移模型构建[J].情报科学，12：1889-1891.

李文文，陈雅.2011.图书馆嵌入式服务模式研究[J].大学图书馆学报，01：90-92.

李晓岩.2011.全媒体时代图书馆创新服务途径研究[J].图书与情报，05：69-71.

李臻，姜海峰.2013.图书馆移动服务变迁与走向泛在服务解决方案[J].图书情报工作，04：32-38.

连宇江.2007.智能手机技术在图书馆中的应用展望[J].图书馆杂志，06：48-51.

梁欣，过仕明.2013.移动图书馆服务模式探索[J].图书情报工作，09：58-64.

梁欣. 2012. 移动数字图书馆联盟：高校图书馆信息资源共享的发展趋势[J]. 现代情报，01：63-66.

梁欣. 2012. 移动图书馆联盟：高校图书馆信息资源共享未来的发展趋势[J]. 情报资料工作，02：65-69.

林颖，孙魁明. 2007. 基于 WAP 的图书馆移动信息服务体系及 WAP OPAC 应用实例[J]. 现代图书情报技术，09：80-83.

刘春丽，徐跃权. 2014. 美国马里兰大学图书馆利用 iPad 开展移动知识咨询案例介绍与思考[J]. 图书馆学研究，02：70-73.

刘红丽. 2012. 国内移动图书馆研究现状与趋势[J]. 国家图书馆学刊，02：92-98，112.

刘丽萍，庞彩云. 2013. 图书馆微服务研究[J]. 图书馆建设，04：60-63.

刘松柏，姜海峰，李书宁. 2013. 移动图书馆建设的难点与趋势[J]. 图书情报工作，04：79-83.

刘霞. 2008. 手机短信在图书馆用户服务中的应用[J]. 图书馆学研究，05：81-84.

刘小景. 2011. 泛在图书馆理念下的图书馆移动信息服务研究[J]. 图书与情报，04：72-74.

刘学平. 2010. 3G 技术在手机图书馆中的应用和发展[J]. 情报科学，04：511-515.

刘亚. 2014. 移动互联时代的大学图书馆阅读推广策略——基于社会化阅读的启示[J]. 图书馆论坛，05：48-54.

刘云鹏. 2006. 手机短信：图书馆管理与服务的新方式[J]. 国家图书馆学刊，02：59-60.

龙朝阳，王灵. 2008. 基于 3G 的图书馆信息服务模式初探[J]. 图书馆论坛，03：8-11.

龙泉，谢春枝，申艳，等. 2013. 国内外高校图书馆移动服务现状及比较分析[J]. 情报杂志，02：173-177.

龙泉，谢春枝，申艳. 2013. 国外高校移动图书馆应用现状调查及启示[J]. 图书馆论坛，03：24，60-64.

卢颖. 2010. "985 工程" 院校手机图书馆服务比较分析[J]. 图书馆学研究，18：74，75-77.

马爱芳，杨国美. 2009. 我国高校图书馆手机服务现状的调查与思考——以 "211 工程" 院校为例[J]. 图书馆工作与研究，12：87-90.

茆意宏，吴政，黄水清. 2008. 手机图书馆的兴起与发展[J]. 大学图书馆学报，01：3-6，27.

茆意宏，武立斌，黄水清. 2008. 图书馆手机服务系统的建设：需求调查与分析——以南京地区图书馆为例[J]. 图书馆工作与研究，12：55-58.

茆意宏. 2008. 基于手机移动通信网络的图书馆服务研究述评[J]. 图书馆理论与实践，02：22-24.

茆意宏. 2008. 论高校图书馆手机阅读服务[J]. 情报科学，12：1861-1864.

茆意宏. 2009. 移动互联网与图书馆服务创新[J]. 图书馆理论与实践，01：13-17.

茆意宏. 2012. 面向用户需求的图书馆移动信息服务[J]. 中国图书馆学报，01：76-86.

茆意宏. 2012. 我国图书馆移动信息服务的现状与发展对策[J]. 大学图书馆学报，02：35-41.

孟勇. 2008. 基于 Struts 框架的图书馆手机服务系统通用访问平台的研究与实现[D]. 南京农业大学硕士学位论文.

明均仁，黄传慧. 2014. 基于用户接受的高校移动图书馆调查与分析[J]. 图书馆学研究，06：21-28.

聂华，朱本军. 2013. 北京大学图书馆移动服务的探索与实践[J]. 图书情报工作，04：16-20.

潘春华. 2006. 图书馆短信息服务平台构建实例[J]. 图书馆建设, 06: 76-78.

彭婧. 2011. 手机二维条码技术在图书馆领域的应用探索[J]. 图书情报工作, S1: 212-214.

齐亚双, 李永先, 薛伟莲. 2010. 我国移动图书馆信息服务研究综述[J]. 图书馆学研究, 22: 7-9.

佘静涛, 刘锋. 2012. RSS 技术在移动图书馆新书推荐系统中的应用与实现[J]. 图书情报工作, 01: 116-119.

师晓青, 艾雾. 2009. 手机图书馆信息服务现状分析及基于 TD-SCDMA 的展望[J]. 图书馆学研究, 02: 69-72, 76.

师晓青, 谢军红. 2009. 基于 3G 的智能手机移动图书馆创新研究[J]. 图书馆建设, 05: 52-54.

师晓青. 2009. 手机图书馆信息服务应用价值研究[J]. 情报资料工作, 01: 99-102.

施国洪, 夏前龙. 2014. 国内图书馆移动服务创新模式与提升策略研究[J]. 图书馆杂志, 03: 67-73.

施国洪, 夏前龙. 2014. 移动图书馆研究回顾与展望[J]. 中国图书馆学报, 02: 78-91.

宋恩梅, 袁琳. 2010. 移动的书海: 国内移动图书馆现状及发展趋势[J]. 中国图书馆学报, 05: 34-48.

孙金娟, 江南. 2011. 基于读者调研的高校图书馆移动阅读服务策略研究[J]. 图书馆学研究, 16: 57-62.

孙萍. 2008. 基于 WAP 的图书馆移动服务系统的构建[J]. 图书馆理论与实践, 06: 81-82.

孙萍. 2008. 图书馆实现移动服务技术方案的比较[J]. 图书馆工作与研究, 10: 59-61.

孙萍. 2008. 图书馆移动书目检索系统的设计与实施[J]. 现代情报, 06: 156-157, 160.

孙晓瑜, 王荣宗. 2011. 国外手机二维码技术在图书馆中的应用及启示[J]. 图书馆学研究, 06: 23-25.

孙翌, 李鲍, 高春玲. 2014. 微信在图书馆移动服务中的应用研究与实践[J]. 图书情报工作, 05: 35-40.

覃凤兰. 2013. "211 工程" 高校图书馆移动服务调查分析与对策研究[J]. 国家图书馆学刊, 01: 26-32.

王迪, 鲜冉, 司莉. 2011. 中美高校手机图书馆现状调查及其比较分析[J]. 图书馆, 06: 85-88.

王菁璐. 2012. 移动图书馆服务模式探究[J]. 图书馆建设, 08: 44-46.

王猛, 徐恺英. 2011. 基于知识服务的图书馆信息生态系统构建[J]. 图书馆学研究, 17: 43-47.

王茜, 张成昱. 2010. 清华大学无线移动数字图书馆用户体验调研[J]. 大学图书馆学报, 05: 36-43.

王双. 2013. 移动图书馆用户接受模型研究[J]. 情报科学, 04: 39-44.

王硕, 徐恺英, 陈宇碟. 2014. 泛在网络学习环境下知识共享的理性思考[J]. 情报理论与实践, 01: 3, 37-39.

王硕, 徐恺英, 陈宇碟. 2014. 面向知识服务平台的知识关联测度研究[J]. 图书情报工作, 15: 22-27.

王硕, 徐恺英, 崔伟, 等. 2012. 终身学习视野下泛在图书馆知识生态系统进化研究[J]. 图书情报工作, 11: 23-27.

王硕, 徐恺英, 崔颖. 2013. 泛在学习环境下的知识共享模式探究[J]. 图书情报工作, 09: 19-22.

王硕, 徐恺英, 崔颖. 2013. 中美高校图书馆数字参考咨询服务比较研究[J]. 情报科学, 08: 120-124.

王艺璇. 2011. 基于 Android 平台的移动图书馆客户端设计与实现[J]. 智能计算机与应用, 06: 28-30, 33.

王泽贤. 2004. 手机短消息在图书馆的应用及其实现的关键技术[J]. 现代情报, 08: 198-200.

魏群义, 侯桂楠, 霍然, 等. 2013. 国内移动图书馆应用与发展现状研究——以 "985" 高校和省级公共图书馆为调研对象[J]. 图书馆，01：114-117.

魏群义，侯桂楠，霍然. 2012. 移动图书馆理论研究与实践应用综述[J]. 图书情报知识，01：80-85.

魏群义，袁芳，贾欢，等. 2014. 我国移动图书馆服务现状调查——以国家图书馆和省级公共图书馆为对象[J]. 中国图书馆学报，03：50-63.

吴爱云，孙秀萍. 2006. 吉林省图书馆手机短信服务平台的构建[J]. 图书馆学研究，01：41-43.

吴政. 2009. 通用手机图书馆系统的设计与实现[J]. 现代图书情报技术，01：98-104.

吴志攀. 2004. 移动阅读与图书馆的未来——"移动读者的图书馆"[J]. 大学图书馆学报，01：2-5，13.

夏帮贵. 2011. 基于 Android 平台的图书馆服务系统设计与实现[J]. 现代图书情报技术，06：85-89.

筱月. 2004. 无线遨游书海——清华同方高校图书馆 WLAN 接入计费方案[J]. 中国计算机用户，04：33.

解金兰，赵翠娥，张洪艳. 2013. 手机图书馆在我国重点高校中的发展现状与趋势[J]. 情报理论与实践，01：94-97.

谢强，牛现云，赵娜. 2013. 移动数字图书馆服务体系研究[J]. 图书情报工作，04：6-10.

谢蓉，金武刚. 2011. 高校图书馆如何推广手机阅读——基于对在校大学生手机阅读的调查结果[J]. 图书情报工作，14：20-23.

谢蓉，刘炜. 2012. SoLoMo 与智慧图书馆[J]. 大学图书馆学报，03：5-10，79.

熊太纯. 2013. 基于新技术的图书馆移动服务研究[J]. 图书馆工作与研究，02：32-35.

徐恺英，班孝林，尹成义. 2006. 基于数字水印的数字作品版权保护[J]. 情报科学，07：1040-1044.

徐恺英，常改，邢天亮. 2011. 基于 SVM 神经网络的高校科研能力评价模型构建[J]. 图书情报工作，22：52-55.

徐恺英，陈宇碟，苏翔，等. 2014. 吉林省外贸企业信息服务平台模式研究[J]. 情报科学，02：47-50.

徐恺英，丁娇. 2008. 高校数字图书馆用户界面的评价研究[J]. 情报科学，05：740-743.

徐恺英，冯杨，崔伟. 2014. 基于专利分析的技术创新型企业竞争情报模式研究[J]. 情报理论与实践，10：60-64.

徐恺英，韩毅，黄微. 2006. 国外语义 Web 门户知识组织的比较研究[J]. 图书情报工作，06：11-16.

徐恺英，鞠彦辉. 2005. 企业信息集成系统运行机制研究[J]. 情报科学，06：900-904.

徐恺英，李菲. 2011. 学术传承 春秋常青——庆《图书情报工作》创刊 55 周年[J]. 图书情报工作，15：24-25.

徐恺英，李贺，单锦雨. 2005. 高等院校管理学科人才计算机能力培养模式研究[J]. 黑龙江高教研究，08：110-111.

徐恺英，李英杰，马克强. 2009. 平衡计分卡在学科馆员服务绩效评估中的应用研究[J]. 情报科学，02：260-264.

徐恺英，李英杰，王宁. 2010. 高校图书馆学科馆员服务绩效评估体系构建[J]. 图书情报工作，05：66，87-89.

徐恺英，刘佳，班孝林.2007. 高校图书馆学科化知识服务模式研究[J]. 图书情报工作，03：53-55，116.

徐恺英，刘佳，张秀珍.2005. 我国信息咨询业人才素质培养研究[J]. 情报科学，12：1814-1817.

徐恺英，刘佳.2007. 信息时代著作权保护中的利益关系与对策研究[J]. 情报科学，05：728-732.

徐恺英，刘晓辉，赵旭，等.2010. 基于移动学习的手机图书馆服务模式研究[J]. 图书情报工作，11：72-75.

徐恺英，王硕，张射，等.2011. 基于人工神经网络的个性化检索模型[J]. 图书情报工作，02：59-63，102.

徐恺英，王硕.2011. 利用 BP 神经网络算法优化个性化搜索引擎[J]. 情报理论与实践，02：100-102.

徐恺英，徐晓园.2008. 高校图书馆学科馆员服务模式优化研究[J]. 图书情报工作，12：92-94.

徐恺英，张勇，于海莉，等.2012. 图书馆知识链生态模型研究[J]. 图书情报工作，11：31，32-35.

徐恺英，赵红颖.2010. 公共图书馆弱势群体知识援助服务体系研究[J]. 情报科学，05：666-669.

徐恺英，赵旭，刘晓辉.2009. Weblog 生命周期模式研究[J]. 图书情报工作，22：56-59.

徐恺英，朱宇，汪淑丽.2007. 数字参考咨询服务中著作权侵权风险及其规避[J]. 情报科学，12：1782-1785.

徐恺英.2012. 专题：数字环境下图书馆知识生态系统优化研究[徐恺英教授组织][J]. 图书情报工作，11：16.

许文波.2006. 基于 OAI 和移动 Agent 的数字图书馆主动信息服务[D].燕山大学硕士学位论文.

鄢小燕，张苏闽，谢黎.2012. 基于移动阅读特征分析的图书馆移动服务思考[J]. 图书馆论坛，05：93，130-133.

叶爱芳.2011. 基于手机阅读的图书馆阅读推广——图书馆扩展服务的新模式[J]. 图书馆研究与工作，02：63-65.

叶爱芳.2011. 移动图书馆在我国的发展现状与展望[J]. 图书与情报，04：69-71，93.

叶莎莎，杜杏叶.2013. 国内外移动图书馆的应用发展综述[J]. 图书情报工作，06：141-147.

于清丽.2005. 利用短信群发系统实现图书馆的移动服务[J]. 现代图书情报技术，07：89-91.

余世英，明均仁.2011. 国内高校手机图书馆移动信息服务调查与分析[J]. 图书馆杂志，09：45-48，91.

余世英，明均仁.2012. 移动信息服务在国内高校图书馆中的应用模式分析[J]. 图书情报知识，06：60-67.

余世英，明均仁.2014. 移动图书馆的用户接受模型实证研究[J]. 图书馆建设，01：21-27，32.

袁曦临，王骏，孙雅楠.2013. 基于 PAD 的移动阅读行为及阅读体验实证研究[J]. 图书馆杂志，03：22-27，34，42.

曾瑞，赵跃龙.2009. 基于 WAP 技术的移动图书馆研究与设计[J]. 图书情报工作，21：106-109.

曾妍.2009. 移动阅读在图书馆实行的可能性分析[J]. 图书馆建设，02：70-72.

张蓓，窦天芳，张成昱，等.2014. 开发模式下图书馆微信公众平台服务的设计与实现[J]. 现代图书情报技术，01：87-91.

张蓓，张成昱，姜爱蓉，等.2013. 二维条码在移动图书馆服务拓展中的应用探索[J]. 图书情报工作，04：21-24.

张成昱，方玮，周虹，等.2009. 关于移动数字图书馆建设的几点思考[J]. 图书馆建设，09：109-112.

张会田. 2011. 基于案例的数字图书馆泛在化服务模式分析[J]. 情报理论与实践，03：77-81.

张磊. 2013. 上海图书馆移动服务实践与创新[J]. 图书情报工作，04：11-15.

张文彦，刘钟美，张瑞贤. 2009. 美国手机图书馆的发展概况[J]. 图书馆建设，11：96-98，101.

张文彦，张瑞贤. 2009. 美中 WAP 手机图书馆发展现状比较[J]. 图书馆杂志，07：64-68.

张言林，李博，王文博，等. 2014. 基于数字化校园的手机 app 客户端设计初探——东北林业大学"移动校园"手机 APP 客户端设计[J]. 设计，02：81-82.

郑成铭，詹庆东. 2011. 基于内容管理的移动图书馆服务平台构建[J]. 情报理论与实践，05：105-109.

郑成铭，詹庆东. 2011. 基于新媒体的移动图书馆服务研究[J]. 图书馆工作与研究，05：47-50.

郑成铭，詹庆东. 2011. 移动图书馆服务平台构建设想——以福州大学为例[J]. 图书馆学研究，04：30-34.

朱雯晶，夏翠娟. 2012. 二维码在图书馆移动服务中的应用——以上海图书馆为例[J]. 现代图书情报技术，Z1：115-120.

朱雯晶，张磊，王晔斌，等. 2011. 图书馆手机客户端的探索实践[J]. 现代图书情报技术，05：13-19.

Aittola M，Ryhanen T，Ojala T. Smart library-location aware mobile library service [EB/OL]. http：//www.mediateam.oulu.fi/publications/pdf/442.pdf[2012-09-20].

Bae K-J，Jeong Y-S，Shim W-S，et al. The ubiquitous library for the blind and handicapped：a case study of the LG Sangnam Library，Korea[EB/OL]. http：//cat.inist.fr/?aModele=afficheN&cpsidt=20301209[2013-11-20].

Bikos G，Papadimitriou P. 2014. Mobile libraries in greece：historical perspectives and the state of the art[J]. Procedia-Social and Behavioral Sciences，147（10）：376-382.

BOISE STATE UNIVERSITY. Mobile campus information[EB/OL]. http：//library .boisestate .edu/m/ [2010-09-20].

Bridges L，Rempel H G，Griggs K. 2010. Making the case for a fully mobile library web site：from floor maps to the catalog[J]. Reference Services Review，382

Ceynova K. Library service and library content for the mobile internet—The approach of the Bavarian State Library[EB/OL]. http：//www.usq.edu.au/z/media/usq/m-libraries/Ceynova.cashz[2011-06-28].

cni. Joan K. Lippincott[EB/OL]. http：//www.cni.org/about-cni/staff/joan-k-lippincott[2015-02-09].

Columbia University Virtual Tour[EB/OL]. http：//undergrad.admissions.columbia.edu/visit/virtual-tours [2013-09-06].

Commerce D O，Washington，DIIT Force. 1993. The National Information Infrastructure-Agenda for Action [J]. Microcomputers for Information Management，12：36.

Digital Library Federation[EB/OL]. http：//www.diglib.org[2005-01-05].

Farkas M. The library in your pocket：Mobile trends for libraries.[EB/OL]. http：//www.slideshare.net/ librarianmer/the-library-in-your-pocket-mobile-trends-for-libraries[2011-07-10].

Journal Library.Gone Mobile?（Mobile Libraries Survey 2010）[EB/OL]. http：//www.libraryjournal.com/

lj/ljinprintcurrentissue/886987-403/gone mobile libraries survey.html.csp[2011-09-05].

Khanna S N. 1994. Mobile library service with a special reference to Delhi Public Library[J]. Resource Sharing & Information Networks，9（2）：119-126.

Kroski E. 2008. On the move with the mobile web：Library mobile technologies[J].Library Technology Reports，（5）：1-47.

Lasswell H D. 1948. The Structure and Function of Communication in Society，The Communication of Ideas. New York：Harper and Borthers.

Leak M. 1992. "The Digital Library：What is it？Why Should it be here？Workshop on Digital Libraries Xerox Palo Alto Research Center.

Li A G. 2013. Mobile library service in key Chinese academic libraries[J]. The Journal of Academic Librarianship，39（3）：223-236.

Li L L. Building. the Ubiquitous Library in the 21st Century [EB/OL]. http：//www.ifla.org/IV/ifla72/PaPers/140-Li-en.pdf[2014-11-20].

Livingstone D. 1999. Adults informal learning：Definitions，findings，gaps，and future research .Toronto：The Research Network For News Approaches to Lifelong Learning.

Lowry C B. The ubiquitous library：University of Maryland Library in the new directions & continuing legacy[EB/OL]. http：//www.lib.umd.edu/deans/ublibreport.pdf[2014-03-21].

McQuail D，Windahl S. 1981. Communication Models. London，New York：Longman：10.

Miller R E，Vogh B S，Jennings E J. 2013. Library in an app: testing the usability of boopsie as a mobile library application[J]. Journal of Web Librarianship，7（2）：142-153.

Mobile Connections to Libraries[EB/OL]. http：//libraries.pewinternet.org/2012/12/31/mobile-connections-to-libraries/[2013-06-12].

Moghaddam G G，Moballeghi M. 2008. Total quality management in library and information sectors[J]. The Electronic Library，26（6）：912-922.

NCSU Libraries. NCSU Libraries Wolf Walk[EB/OL]. http：//www.lib.ncsu.edu/dli/projects/wolfwalk [2013-08-05].

Nidhi K. 2009. Libraries on move: Library mobile application[EB/OL]. http：//www.inflibnet.ac.in/caliber2009/CaliberPDF/33.pdf[2011-06-28].

Pasanen I. 2002. Around the world to Helsinki University of Technology：New library services for mobile users[J]. Library Hitech News，19（5）：25-27.

Pratt Free Library. Enoch Pratt Free Library[EB/OL]. http：//www.Prattlibrary.org[2012-08-21].

Spires T. 2008. Handheld Librarians：A survey of Librarian and Library patron use of wireless handheld devices[J]. Internet Reference Services Quarterly，13（4）：287-309.

Srivastava L. 2004. Japan's ubiquitous mobile information society[J].The Journal of Policy Regulation and Strategy for Telecommunications，Information and Media，6（4）：234-251.

Stringer I. 2005. Mobile Library Guidelines[R]. Hague：IFLA Headquarters.

Vavoula G. 2004. KleOS：A Knowledge and Learning Organisation System in Support of Lifelong Learning. PhD Thesis，Birmingham，University of Birmingham.

Walsh A. 2012. Using Mobile Technology to Deliver Library Services：A Handbook[M].London：Facet Publishing：117.

Zickuhr K，Rainie L，Purcell K. 2013. Library services in the digital age [EB/OL]. http：//libraries. pewinternet.org/2013/01/22/ library-services/[2013-06-10].

附　录

问卷 1　三网融合视域下 DL 移动服务资源需求
调查问卷

　　您好！如果手机可以实现随时、随地利用图书馆，您最渴望图书馆提供的是什么？请回答以下问题，并请期待这些功能为您而实现！

　　您的身份信息：大一、大二、大三、大四、研究生、教工

　　第一部分：信息资源需求部分

　　1. 您会用手机获取哪类图书内容？可多选_____

　　A.小说　　B.文艺　　C.青春　　D.励志　　E.生活　　F.经济　　G.管理　　H.地理
I.历史　　J.工具书　　K.考试用书　　L.行业用书　　M.其他

　　2. 您会用手机获取哪类报纸内容？可多选_____

　　A.财经　　B.体育　　C.娱乐　　D.生活　　E.教育　　F.法制　　G.军事　　H.科技
I.电脑　　J.时政　　K.英语　　L.行业报　　M.其他

　　3. 您会用手机获取哪类期刊内容？可多选_____

　　A. 财经　　B.体育　　C.娱乐　　D.生活　　E.教育　　F.法制　　G.军事　　H.科技
I.电脑　　J.时政　　K.英语　　L.行业期刊　　M.其他

4. 您在手机上网过程中，获取哪类信息最多？可多选_____

A.财经　B.体育　C.娱乐　D.生活　E.教育　F.法制　G.军事　H.科技 I.电脑　J.时政　K.英语　L.行业信息　M.其他

5. 如果手机可以收看电视节目，您会选择哪类节目？可多选_____

A.电视剧　B.电影　C.综艺　D.音乐　E.动漫　F.教育　G.纪录片　H.科技 I.生活　J.旅游　K.原创　L.广告　M.其他

6. 您认为一个图书馆是否该拥有特色资源？

A.非常重要　B.重要　C.一般　D.不需要　E.非常不需要

7. 请将下列手机图书馆可提供的信息资源按重要性从大到小排列

_____

A.图书　B.报纸　C.期刊　D.专题网络信息　E.电视节目　F.该图书馆特色资源　G.个性化定制信息　H.其他

8. 您对手机图书馆服务所提供的信息资源的建议：r

_____

衷心感谢您的支持，我们将努力让您的手机图书馆使用体验更加优化！

问卷 2　三网融合视域下 DL 移动服务服务内容需求调查问卷

您好！如果手机可以实现随时、随地利用图书馆，您最渴望图书馆提供的是什么？请回答以下问题，并请期待这些功能为您而实现！

您的身份信息：大一、大二、大三、大四、研究生、教工

第二部分：信息服务需求部分

1. 您经常使用图书馆哪些服务项目？可多选_____

A.书目查询　B.网络数据库检索　C.参考咨询　D.新书通报　E.读者信息查询　F.常见问题解答　G.数据库使用培训　H.其他

2. 您经常使用电视传媒哪些服务项目？可多选_____

A.电视节目指南　B.电视节目预定　C.电视节目预告　D.其他

3. 您经常利用互联网哪些服务项目？可多选_____

A.搜索引擎　B.网络导航　C.博客　D.微博　E.邮箱　F.BBS、百度贴吧G.人人网　H.QQ 或 MSN　I.其他

4. 您经常利用手机哪些服务项目？可多选_____

A.天气预报　B.新闻报　C.网页浏览　D.QQ 聊天　E.游戏　F.音频播放器　G.照相机　H.录像机　I.其他

5. 实现手机图书馆后，您最希望拥有哪些服务？可多选_____

A.全覆盖信息导航　B.智能化信息检索　C.信息交流群组建　D.个性化信息定制　E.多媒体信息服务　F.其他

6. 您对手机图书馆服务的服务建议：_____

衷心感谢您的支持，我们将努力让您的手机图书馆使用体验更加优化！

问卷3　移动知识学习推送服务实验调查问卷

1. 您认为移动推送知识的内容对您知识面扩展有帮助吗？单选（　　　）

A.很有帮助　B.有些帮助　C.没有感觉　D.没有帮助　E.早就拒绝了

2. 通过移动学习过程，是否同时提升了您日常学习的热情？单选（　　　）

A.愿意主动学习　B.产生一些兴趣　C.还是老样子　D.更讨厌学习了

3. 以下哪个知识板块对您帮助最大？单选（　　　）

4. 以下哪个知识板块您最喜欢？单选（　　　）

5. 您还想要继续接收哪个板块的知识内容？可多选（　　　）

A.社交礼仪

B.中国古代名言警句

C.马克思主义哲学基础名词（考研、公务员必学）

D.中华历史名人简介

6. 如果可以个性定制，您愿意定制吗？愿意（　　　）不愿意（　　　）

7. 愿定制哪些知识内容？可多选（　　　）

A.国外名人名言精选

B.英语四级必考的60个词汇

C.图书馆学专业知识

D.其他：＿＿＿＿＿＿＿＿＿＿＿＿＿＿＿＿＿＿＿

8. 根据您的学习体会，对应以上板块的知识内容分别给予一定的建议

A.社交礼仪：

B.古代名言：

C.历史名人：

D.马哲名词：

9. 为更好地为您提供知识服务，请谈谈您对移动知识推送的意见及建议：

＿＿＿＿＿＿＿＿＿＿＿＿＿＿＿＿＿＿＿＿＿＿＿＿＿＿＿＿＿＿＿＿＿

＿＿＿＿＿＿＿＿＿＿＿＿＿＿＿＿＿＿＿＿＿＿＿＿＿＿＿＿＿＿＿＿＿

＿＿＿＿＿＿＿＿＿＿＿＿＿＿＿＿＿＿＿＿＿＿＿＿＿＿＿＿＿＿＿＿＿

感谢您对移动推送平台的支持，愿我们共同进步！

实验试卷及答案 1　移动知识学习推送服务
——前测问卷答案及评分标准

个人信息：

姓名：　　　　　　学号：　　　　　　手机号码：

题目一：名词解释

评分标准：每题 3 分，错答、空答 0 分，具有一定基础 1 分，基本正确 2 分，完全正确 3 分。

1. 实事求是

实事求是本义是指严谨好学、务求真谛的一种认真的治学态度。毛泽东对之作出马克思主义解释，并用之来概括辩证唯物主义和历史唯物主义的思想路线，即"实事"就是客观存在着的一切事物，"是"就是客观事物的内部联系、规律，"求"就是去研究。

2. 形而上学

形而上学是哲学术语，哲学史上指哲学中探究宇宙根本原理的部分。马克思主义哲学所述同辩证法相对立的世界观或方法论。它用孤立、静止、片面（注意理解"片面"含义，最直白的说法即你所见为片面的、不完全的）的观点看世界，认为一切事物都是孤立的、永远不变的；如果说有变化，只是数量的增减和场所的变更，这种增减或变更的原因不在于事物内部而在于事物外部，也叫玄学。

3. 马克思主义

马克思主义是马克思、恩格斯在 19 世纪工人运动实践基础上而创立的理论体系。马克思主义主要以唯物主义角度所编写而成。马克思主义理论体系包括三部分，即马克思主义哲学、马克思主义政治经济学、科学社会主义，分别是马克思、恩格斯受德国古典哲学、英国古典政治经济学、法国空想社会主义影响，并在此基础上创立的。

4. 自由

自由是一个政治哲学中的概念，在此条件下人类可以自我支配，凭借自由意志而行动，并为自身的行为负责。学术上存在对自由概念的不同见解，在对个人与社会的关系认识上有所不同。

5. 发展

发展是指事物从低级向高级、从量变到质变的运动变化过程。发展的最本质含义是新事物的产生和旧事物的灭亡。

题目二：人物简介

评分标准：每题 3 分，错答、空答 0 分，具有一定基础 1 分，基本正确 2 分，完全正确 3 分。

1. 朱元璋

朱元璋是明朝的开国皇帝。他少年不幸，人生凄苦，当牧童，做和尚，脱袈裟，投义军，招兵买马，广纳人才，削平群雄，以猛治国，加强集权，铲除功臣；发展屯垦，减轻赋役等，他一身励精图治，勤奋好学，其文功武略，堪称一代英豪。

2. 康熙

爱新觉罗·玄烨是大清最有作为的皇帝，也是中国历史上盛世明君之一。他八岁登基，十四岁亲政，在位六十一年，是中国历史上在位时间最长的皇帝。他大智大勇，除鳌拜，平三藩，收复台湾，三征葛尔丹，平定漠北，亲征雅克萨，打败俄罗斯，稳定疆域，整饬吏治，广揽人才，重农贵粟，勤勉好学。

3. 王安石

王安石，北宋神宗时名相。这位不甘寂寞的政治家，领导一场轰烈和悲壮的熙宁变法，从此这位勇士独撑大旗步入历史漩涡，成了历史上最受争议的人物。变法之前王安石被誉为"当世圣人"，变法后，司马大骂其为欲谋朝篡位的大奸臣；后来的宋徽宗对王安石推崇备至，而到了宋钦宗那里，竟成了北宋灭亡的魁首。作为文人的王石安，中国人妇孺皆知，而作为宰相，却争议不休，原因何在？

4. 曾国藩

清代名相，也是个清官。他步入仕途后，曾十年七迁，三十七岁当上二品京官。他奉行"立言、立功、立德"。立言，他著述、家书、日记，广为流传；立功，他挽救了大清朝；立德，他事事以身作则。因此，他除了"一品侯"头衔之外，还有"中兴第一名臣""洋务运动领袖""圣贤""近代史之父"

等称谓。曾国藩一生是极其成功的，名誉、地位，别人所有的，他皆有，别人没有的，他也有。他成了毛泽东唯独佩服的人物，成了蒋介石心中完美的老师形象。

5. 姜子牙

非常之人，必有非常之际遇。前半生怀才不遇，穷困潦倒，七十多岁仍一事无成；后半生得遇明主，大展宏图，伐商灭纣，兴周八百年之基业。这就是被后人奉为神祇的历史巨人——姜子牙。他追往古而知来今，通古今之变，知胜败之势，晓民众之意，精文武之道，操攻取之术，为文王、武王之师，倾商立周，兴周盛齐，救民于水火，为后世开创了吊民伐罪，恩及百姓的范例。百世而下，被尊为武圣，太公兵家宗师，堪称当之无愧的千秋军师第一人。

题目三：社交礼仪使用

评分标准：每题 5 分，空答 0 分、一条 2 分、两条 4 分、三条以上 5 分。

1. 生活中常用的电话礼仪有哪些？答案如下：

时间选择，空间选择，喜悦的心情，通话时长，打错电话要主动道歉，发短信祝福最好带署名，不用移动电话传送重要信息，重要信息最好面谈，手机最好是放在公文包里。

2. 生活中常用的握手礼仪有哪些？答案如下：

伸手的先后顺序——尊者决定：先上级后下级；先主人后客人；先长辈后晚辈；先女士后男士。握手的注意事项：忌左顾右盼；使用右手，忌左手；忌坐；忌不话；忌交叉；忌戴帽子和手套；力度适中；时间 1～3 秒。

题目四：列举题

评分标准：每题 5 分，空答 0 分、一条 2 分、两条 4 分、三条以上 5 分。

1. 您所喜欢的古诗词及出处列举，数量不限。

例如：一日不见，如三秋兮。《诗经·王风·采葛》

2. 您所喜欢的名人名言例举，数量不限。

例如：我们应该不虚度一生，应该能够说："我已经做了我能做的事。"——居里夫人

实验试卷及答案 2　移动知识学习推送服务
——后测问卷答案及评分标准

个人信息：

姓名：　　　　　　学号：　　　　　　手机号码：

题目一：名词解释

评分标准：每题 3 分，错答、空答 0 分，具有一定基础 1 分，基本正确 2 分，完全正确 3 分。

1. 辩证法

关于普遍联系和永恒发展的学说，是用联系的、发展的、全面的、矛盾的观点来考察世界的世界观和方法论。辩证法有三大规律，即对立统一规律、量变质变规律、肯定否定规律。对立统一规律是辩证法的实质和核心。

2. 哲学

世界观的理论形态，或者说是系统化、理论化的世界观；世界观和方法论的统一。

3. 智慧

（狭义的）是高等生物所具有的基于神经器官（物质基础）一种高级的综合能力，包含感知、知识、记忆、理解、联想、情感、逻辑、辨别、计算、分析、判断、文化、中庸、包容、决定等多种能力。智慧让人可以深刻地理解人、事、物、社会、宇宙、现状、过去、将来，拥有思考、分析、探求真理的能力。智慧与智力不同，智慧表示智力器官的终极功能，与"形而上谓之道"有异曲同工之处，智力是"形而下谓之器"。智慧使我们做出导致成功的决策。有智慧的人称为智者。人工智能是机器人的极其艰难的最终目标，但也许永远无法达到。

4. 工具理性

所谓"工具理性"，就是通过实践的途径确认工具（手段）的有用性，从而追求事物的最大功效，为人的某种功利的实现服务。工具理性是通过精确计算功利的方法最有效达至目的的理性，是一种以工具崇拜和技术主义为生存目标的价值观，所以"工具理性"又叫"功效理性"或者说"效率理性"。

5. 唯物主义

在哲学基本问题上，主张物质第一性、意识第二性的哲学派别。唯物主义有三种历史形态：古代朴素唯物主义、近代机械唯物主义、现代辩证唯物主义。

题目二：人物简介

评分标准：每题 3 分，错答、空答 0 分，具有一定基础 1 分，基本正确 2 分，完全正确 3 分。

1. 成吉思汗

一代天骄——成吉思汗。成吉思汗名铁木真，他是蒙古人最伟大的传奇英雄，也是中华民族历史上最杰出的人物之一。铁木真少年时代历经磨难，练就一身过人的武功和英勇无畏的性格。他深沉机智有大略，于 1206 年建立大蒙古国。在他的率领下，攻金国，打南宋，灭西夏，狂飙席卷，战无不胜。蒙古铁蹄从中亚细亚踏到了多瑙河和巴格达，他们留给欧亚大陆的是一个个"黄祸"的噩梦。

2. 王安石

熙宁变法　争议不休——北宋名相王安石。王安石，北宋神宗时名相。这位不甘寂寞的政治家，领导一场轰烈和悲壮的熙宁变法，从此这位勇士独撑大旗步入历史漩涡，成了历史上最受争议的人物。变法之前王安石被誉为"当世圣人"，变法后，司马大骂其为欲谋朝篡位的大奸臣；后来的宋徽宗对王安石推崇备至，而到了宋钦宗那里，竟成了北宋灭亡的魁首。作为文人的王石安，中国人妇孺皆知，而作为宰相，却争议不休，原因何在？

3. 范蠡

智士能臣　千古奇人——先秦范蠡，先秦杰出谋略家，罕见的智士能臣。初，越王执意伐吴，未听范蠡劝阻，险些丧命。吴国三年，范蠡伴君处虎狼之中，石室忍辱，尝便献忠，为范蠡计谋，才保越王不死。事君复国兴越，苦身深谋二十年，兴师伐吴，让越王报了仇。待越王大宴群臣之时，看破"兔死狗烹"之局，毅然辞国相、大将军之官，退隐东海之滨，治产业，力经商，十九后中三致千金，成了巨贾，名扬天下，令同代人望尘莫及，也叫后人难继项背。范蠡，可谓家事、国事、天下事，无不精通，于从政，于从商，总是得心应手，堪称千古奇人。

4. 汉武帝刘彻

雄才大略——汉武帝刘彻。汉武帝刘彻，西汉第五个皇帝，在位 54 年（前 140～前 87 年），是我国历史上一位雄才大略、多有建树的封建帝王。他继承"文景之治"形成的富强国势和安定局面，一改旧制，罢黜百家，独尊儒术，改革鼎新，励精图治，对内加强皇权，巩固统一，对外开疆拓土，宣扬国威，把西汉王朝推陈出推向极盛时期，开创了历史上一个辉煌时代。

5. 玄烨

再造盛世——康熙大帝玄烨。康熙大帝，爱新觉罗·玄烨，是大清最有作为的皇帝，也是中国历史上盛世明君之一。他八岁登基，十四岁亲政，在位六十一年，是中国历史上在位时间最长的皇帝。他大智大勇，除鳌拜，平三藩，收复台湾，三征葛尔丹，平定漠北，亲征雅克萨，打败俄罗斯，稳定疆域，整饬吏治，广揽人才，重农贵粟，勤勉好学。

题目三：社交礼仪使用

评分标准：每题 5 分，空答 0 分、一条 2 分、两条 4 分、三条以上 5 分。

1. 生活中常用的言谈礼仪有哪些？

言谈基本礼仪。言谈要文明，忌谈：粗话、脏话、黑化、荤话、怪话、气话。问候语：您好；道歉语：对不起；道别语：再见；请托语：请；致谢语：谢谢。文明用语：敬语、雅语、谦语。言谈要准确，发音准确，语音：字正腔圆有助于沟通和交流，语调：自然、沉稳、不拿腔拿调，音量：适中，音色：悦耳动听、训练口、唇、舌、呼吸。语速适度：不疾不徐，听得舒服、清楚。口气谦和，内容简明，少用方言土语。

2. 生活中常用的敲门礼仪有哪些？

敲门礼仪：按门铃礼仪：现代家庭大都安装有门铃，我们在按门铃时也要有礼貌，正确的做法是：慢慢地按一下，隔一会儿再按一下。按门铃时千万别性急，"叮叮当当"乱按一气，不仅不礼貌，而且弄不好把人家的门铃按坏。敲门，最绅士的做法是敲三下，隔一小会儿，再敲几下。敲门的响度要适中，敲得太轻了别人听不见，太响了不礼貌而且会引起别人会反感。敲门时绝对不能用拳捶、不能用脚踢，不要"嘭嘭"乱敲一气，若房间里面是老年人或婴幼儿，会惊吓到他们。如果遇到门是虚掩着的，也应当先敲门，得到主人的允许才能进入。进入别人的办公室也应该先敲门，表示一种询问"我可以进来吗"，或者表示一种通知"我要进来了"。

题目四：填空题

评分标准：每题 1 分，空答 0 分

1. 大直若屈，大巧若拙，大辩若讷。《老子》
2. 不积跬步，无以至千里。《荀子·劝学》
3. 锲而不舍，金石可镂。《荀子·劝学》
4. 业精于勤荒于嬉，行成于思而毁于随。（唐）韩愈《进学解》
5. 黑发不知勤学早，白首方悔读书迟。（唐）颜真卿
6. 高山仰止，景行行止。《诗经·小雅·车辖》
7. 从善如登，从恶如崩。《国语》
8. 十年窗下无人问，一举成名天下知。（元）高明《琵琶记》
9. 曲则全，枉则直。《老子》
10. 其曲弥高，其和弥寡。宋玉《对楚王问》

后 记

自 2000 年踏入图书馆学领域学习、研究、教学，至今已经走过 16 年的时光。16 年里，我对专业的信仰有过迷茫、有过彷徨……可今日，我会肯定地说，因为深爱，我会为梦想继续前行。

本书的出版，感谢我的恩师徐恺英教授对我的悉心教导，恩师对我学业上的引领，让我对专业充满了热爱；感谢领域专家们在本书创作过程中提供的宝贵专业意见，使得本书能够融合众专家智慧，系统完整。还要感谢各位领域论文的创作者，正是站在巨人的肩膀上，才让我有能力望向远方；感谢在百忙之中阅读本书的各位专家学者，由于本人学识和精力有限，难免存在疏漏和不足之处，敬请各位专家给予指导和帮助！

还要感谢的是我的家人对我的无私关爱与包容。感谢我的父母三十几年如一日地为我洗衣、做饭，在我儿子出生满月后便开始了 7×24 小时的无休止劳作。感谢我的儿子，正是他巴掌大的小脸，让我在深夜写作也不觉得孤单疲倦，让我的生活充满欢乐，他就是天使！感谢我的先生对我的理解与支持！感谢我所在单位的领导与同事们对本书的支持与帮助！感谢科学出版社朱萍萍老师及其团队在出版过程中的鼎力支持！

言短情深，最后，衷心祝福各位阅读者幸福安康！